TIEMPO PARA VIVIR

GROU

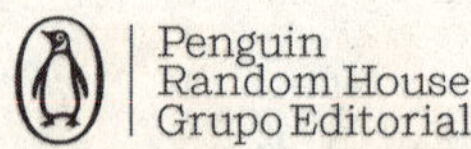

Primera edición: junio de 2025

© 2025, Ana Pérez (@nacidramatica)
© 2025, Penguin Random House Grupo Editorial, S. A. U.
Travessera de Gràcia, 47-49. 08021 Barcelona
© 2025, Nací Dramática, por las imágenes de interior

Penguin Random House Grupo Editorial apoya la protección de la propiedad intelectual. La propiedad intelectual estimula la creatividad, defiende la diversidad en el ámbito de las ideas y el conocimiento, promueve la libre expresión y favorece una cultura viva. Gracias por comprar una edición autorizada de este libro y por respetar las leyes de propiedad intelectual al no reproducir ni distribuir ninguna parte de esta obra por ningún medio sin permiso. Al hacerlo está respaldando a los autores y permitiendo que PRHGE continúe publicando libros para todos los lectores. De conformidad con lo dispuesto en el artículo 67.3 del Real Decreto Ley 24/2021, de 2 de noviembre, PRHGE se reserva expresamente los derechos de reproducción y de uso de esta obra y de todos sus elementos mediante medios de lectura mecánica y otros medios adecuados a tal fin. Diríjase a CEDRO (Centro Español de Derechos Reprográficos, http://www.cedro.org) si necesita reproducir algún fragmento de esta obra.
En caso de necesidad, contacte con: seguridadproductos@penguinrandomhouse.com

Printed in Colombia – Impreso en Colombia

ISBN: 978-84-10395-67-1

nacidramática

ANA PÉREZ

100 herramientas psicológicas para optimizar tu tiempo de trabajo, ocio y descanso

GROU

ÍNDICE

INTRODUCCIÓN

Te doy la bienvenida a *Tiempo para vivir*. Me llamo Ana y soy psicóloga. Mucha gente me conoce como @nacídramática, mi cuenta en la que comparto reflexiones relacionadas con la psicología. Quizá me conozcas por mis dos otros libros, *Terapia para llevar* y *Cuídate para crecer*. ¡Si ya sabes quién soy, hola otra vez! Qué bien que hayas vuelto en busca de más truquitos para estar mejor contigo mismo. Y, si por lo contrario, no me conocías, ¡encantada de saludarte! Espero que disfrutes mucho de este libro y sobre todo que te sea muy útil en tu día a día.

Antes de nada, déjame preguntarte: ¿cuántas veces has dicho «No tengo tiempo» o su variante más dramática «¡No me da la vida!»? No hace falta que me lo digas, ya sé que muchas. Por eso estamos aquí. En este libro vamos a hablar de una de las relaciones más importantes de nuestra vida: la que tenemos con nuestro tiempo.

Estamos rodeados de mensajes que nos recuerdan que el tiempo es el bien más preciado que tenemos, más incluso que el dinero. Por eso, deberíamos sacarle el máximo provecho, ya que cuando se va, lo hace para siempre. Qué aterrador, ¿verdad? Precisamente esto provoca que, a menudo, sintamos ansiedad porque no controlamos la forma en la que lo invertimos, que nos preocupemos por no aprovecharlo al máximo y nos culpemos cuando creemos que no hacemos nada productivo. Sin embargo, a la vez estamos cansados constantemente y arrastramos una sensación de no parar y no llegar a nada.

Gestionar nuestro tiempo de manera que podamos sacarle el máximo partido es algo vital para gozar de una buena salud mental: nos permite trabajar o estudiar de manera más fácil, sin tanta presión ni ansiedad y, por lo tanto, mejorar nuestros resultados y ser más productivos. Ser más eficaces en nuestras obligaciones y organizarnos bien provoca que tengamos más tiempo. Y tenerlo nos da la libertad de hacer lo que realmente queremos y disfrutar de nuestra vida más allá de las obligaciones. Contamos con la posibilidad de utilizarlo para pasar un rato de calidad con nuestros seres queridos y con nosotros mismos, y disfrutar de ello al cien por cien. En definitiva, nos da la oportunidad de echar la vista atrás y sentirnos orgullosos, valorar el presente como se merece y mirar hacia el futuro sin miedo.

Sé que los conceptos como «optimización del tiempo», «productividad», «procrastinación», «concentración» y «hábitos» pueden ser abrumadores: actualmente, vivimos en la era de la velocidad y de la inmediatez, donde todo tiene que ser para ayer y la urgencia está en el orden del día. Esto nos deja agotados, tanto física como psicológicamente, y en cuanto creemos que tenemos diez minutos libres, intentamos escapar de esta sensación, ya sea mirando el móvil, descansando un rato o escogiendo una película en Netflix durante media hora. Y entonces ¡bam! Un inmenso sentimiento de culpa nos invade y nos sentimos mal porque creemos que hemos perdido un tiempo precioso, con el que podríamos haber sido más productivos. Vivimos en el día de la Marmota: este bucle se repite día tras día y semana tras semana.

Pero no te preocupes, no estás solo. Esta lucha interna entre la productividad, la procrastinación, el ocio y nuestro descanso la compartimos todos. **Con las herramientas que descubrirás en estos capítulos podrás tomar las riendas de tu tiempo y disfrutar de él de una manera consciente, sana y sin presiones.** A partir del momento en el que abras este libro y empieces a leer, serás capaz de conocer tus distracciones y ponerles freno, adoptar hábitos sanos que se mantengan, gestionar tu tiempo para ser más productivo, controlar la procrastinación, identificar si pasas demasiado tiempo delante de las pantallas, optimizar los ratos de estudio y trabajo, tener momentos para el descanso y para el ocio y, sobre todo, ser consciente de qué significa el tiempo y cómo has vivido, vives y vivirás su paso en tu vida. Estas páginas, de una forma u otra, van a hacer que seas mucho más consciente de lo que realizas con tu tiempo y te ayudarán a despedirte de todo lo que haces por inercia que te roba mucho y te da muy poco.

En este libro no encontrarás mensajes culpabilizadores que te dirán que te levantes a las cinco de la mañana, que debes tener una agenda milimétricamente organizada o que te aísles de tu círculo durante meses. No es un catálogo de técnicas sin más. Es un conjunto de herramientas que se exponen para que tú elijas las que mejor encajan contigo. Porque el objetivo no es que hagas más cosas, sino que las hagas de una forma más eficaz. Y, sobre todo, que las actividades que llenan tus días realmente sean importantes para ti y te sientas bien dedicándoles tiempo.

Si a partir de ahora alguien te dice que el tiempo es oro, no te lo creas de primeras: el tiempo, por sí solo, no vale nada. Importa lo que hacemos con él y para lo que lo utilizamos. Un tiempo mal gestionado, que genera ansiedad y malestar, no vale nada. Pero, si empiezas a gestionar tu tiempo de manera consciente, a tomar decisiones, adoptar hábitos de optimización del tiempo saludables y entender el tiempo como la herramienta para hacer brillar tu vida al máximo, entonces serás la persona más rica del mundo. No se trata de tener más tiempo, sino de usarlo bien.

Ahora sí, empezamos: acompáñame en este viaje y toma el control de tu tiempo para vivir tu vida exprimiendo cada minuto sin agobios, sin culpas y conseguir, así, el bienestar que mereces.

Parte 1
Tu tiempo

El tiempo es nuestro recurso más valioso; sin embargo, muchas veces sentimos que se nos escapa de las manos. La sensación de que los días son demasiado cortos para hacer todo lo que queremos es común en un mundo donde las distracciones nos esperan a un clic de distancia y las responsabilidades parecen multiplicarse sin aviso. Pese a esto, la clave no está en trabajar más, sino en gestionar mejor nuestro tiempo y nuestra energía.

Para lograrlo es fundamental desarrollar una buena atención y concentración. Nuestra mente tiende a dispersarse con facilidad y a saltar de una tarea a otra sin llegar a completarlas del todo. Aprender a enfocar nuestros recursos mentales en lo verdaderamente importante nos permitirá ser más productivos en menos tiempo. La atención plena y el control de los estímulos externos son herramientas poderosas que evitan que las distracciones nos roben minutos valiosos.

Pero la organización del tiempo no depende solo de nuestra capacidad de concentrarnos en el momento presente. Los hábitos juegan un papel crucial en la manera en que estructuramos nuestras jornadas. Las personas más eficientes no trabajan necesariamente más que los demás, sino que han desarrollado rutinas que les permiten avanzar con menos esfuerzo. Incorporar pequeños cambios en la rutina, como establecer horarios fijos para ciertas actividades o crear listas de tareas, puede marcar una gran diferencia en cómo aprovechamos cada día.

Una buena gestión del tiempo implica también reconocer cómo distribuimos nuestras energías a lo largo de la jornada. No todas las horas son igual de productivas, por lo que forzarnos a realizar tareas complejas cuando nuestra concentración es baja puede ser contraproducente. Identificar los momentos de mayor rendimiento y reservarlos para las tareas más exigentes es una estrategia clave para optimizar nuestra productividad.

Por otro lado, la procrastinación es uno de los principales enemigos de la eficiencia. Postergar tareas importantes nos genera estrés, disminuye nuestro rendimiento y nos deja con la sensación de no haber aprovechado el tiempo. Combatirla requiere establecer objetivos claros, dividir grandes proyectos en pasos pequeños y eliminar las tentaciones que nos alejan de nuestras responsabilidades. La disciplina y la automotivación son fundamentales para no desviarnos del camino correcto.

El estudio es otra área en la que la optimización del tiempo es esencial. Aprender de manera efectiva no significa pasar horas y horas sentado frente a los libros, sino utilizar estrategias que faciliten la retención y comprensión de la información. Técnicas como la repetición espaciada, la elaboración de resúmenes o el uso de mapas mentales pueden hacer que el tiempo de estudio sea más eficiente y menos agotador.

Por suerte, existen trucos sencillos que pueden ayudarnos a ganar tiempo en el día a día: delegar tareas, organizar tus meses, semanas y días en calendarios, establecer pequeños hábitos y trucos para evitar distracciones o marcarnos horarios fijos para atender interrupciones pueden parecer pequeños cambios, pero tienen un gran impacto. Estas son algunas de las herramientas que aparecen en este libro y que te van a ayudar a optimizar tu tiempo y a ser más productivo.

La clave para aprovechar mejor nuestras horas no está en hacer más cosas, sino en hacerlas de manera más inteligente. Adoptar rutinas para ser más eficaces y organizar nuestro tiempo nos permitirá sacarle el máximo provecho a nuestro día a día.

¡Porque, cuando el **tiempo** se **administra** bien, la vida es **mucho más fácil!**

ATENCIÓN, CONCENTRACIÓN Y distracciones

Para empezar el capítulo, me gustaría ponerte a prueba. Te propongo que empieces a hacer una tarea, una que no sea posible terminar en un corto periodo de tiempo. Por ejemplo, ordenar tu armario, pintar un cuadro, leer un libro... Cualquiera que te requiera un esfuerzo significativo.

Enciende un cronómetro cuando empieces a hacer la actividad.

Cuando dejes de hacerla, porque necesites parar o te distraigas, detén el cronómetro.

- ¿Cuánto tiempo has estado concentrado o concentrada en la tarea?

- ¿Qué te ha hecho parar?
- ¿Ha sido una distracción? Si es así, ¿cuál?
- ¿Sueles desconcentrarte rápidamente cuando haces una tarea o eres capaz de mantener la atención bastante tiempo?

La atención y el espacio de atención

Definimos «atención» como la capacidad para procesar la información proveniente de estímulos que nos permite dirigirnos hacia lo que consideramos significativo o deseamos, mientras ignoramos los estímulos irrelevantes o menos importantes.

Puede que hayas escuchado esta frase: «Eres lo que comes». Pues bien, esto también es aplicable a la atención, y es que «eres eso a lo que dedicas atención». **La atención es un recurso limitado; por tanto, es muy importante aprender a gestionarla y protegerla de forma eficaz.** Necesitamos concentrarnos en el trabajo, en las relaciones personales, en las aficiones y en todo aquello que da sentido a nuestra vida.

La atención es justamente lo que nos permite aprender y memorizar, centrarnos en estímulos específicos, discriminar y filtrar información, de forma que nos enfoquemos en aquello que elegimos y, por tanto, en lo que es realmente importante para nosotros.

En un mundo lleno de distracciones por todos lados, cada vez es más difícil mantener la atención. Este es uno de los motivos por los que considero que este libro es tan necesario. Cada vez profundizamos menos y nos cuesta más atender a lo que hacemos: saltamos de una tarea a otra automáticamente, de una notificación a la siguiente, lo que hace que estemos muy dispersos y nos cueste mucho más conectar plenamente con las actividades a las que tenemos que atender. Esto afecta a nuestra productividad, a la calidad de nuestras ideas, a la profundidad en nuestras relaciones y a los conocimientos que adquirimos.

¿Has escuchado alguna vez el concepto **«espacio de atención»**? ¿Sabes a qué se refiere? Se trata de un espacio en el que se encuentran todas las cosas que están ocupando nuestra atención en un instante determinado y de forma simultánea.

Puede que la actividad a la que estemos dedicando atención no ocupe todo este espacio, pero también puede que este se vea sobrecargado al no poder atender a todos los estímulos que queremos. Por ejemplo, si sacas las monedas de tu hucha y empiezas a contarlas, al principio, tu espacio de atención solo estará ocupado por esa tarea. Pero, si escuchas un pódcast a la vez que las cuentas, o de repente recuerdas que tienes que tender la ropa de la lavadora o miras las notificaciones que recibes en tu móvil, el espacio se va llenando con cada tarea a la que dedicas atención. Cuando está demasiado lleno, te cuesta concentrarte en el conteo de las monedas, porque las distracciones presentes están utilizando los recursos que podrías usar para ello.

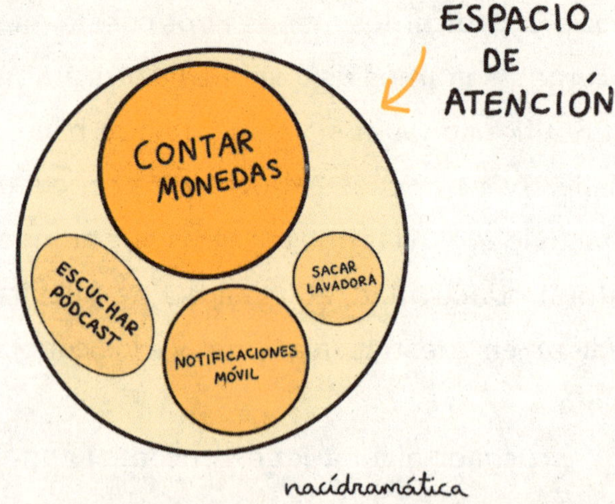

¿Qué pasa cuando atendemos a una distracción?

Cuando estamos concentrados en una actividad y de repente aparece cualquier distracción, como, por ejemplo, un mensaje en el móvil, **no solo perdemos el tiempo en el que nos fijamos o respondemos al estímulo, también perdemos el tiempo que tardamos en volver a conectar con lo que estábamos haciendo.** Cuando retomamos la actividad en la que estábamos implicados, no partimos del mismo estado mental que cuando la dejamos. Necesitamos volver a conectar con ella, recordar por dónde íbamos, qué pensábamos respecto a lo que hacíamos, etc.

Si sabemos lo que conllevan, ¿por qué nos cuesta tanto resistirnos a las distracciones? Porque, cuando aparecen, nos resultan mucho más tentadoras, divertidas y atractivas que las tareas que estamos llevando a cabo en ese momento. Nos atraen más y nuestro foco se dirige rápidamente a ellas.

Nuestro cerebro cuenta con un «filtro» que está diseñado para seleccionar únicamente los estímulos importantes y así centrar nuestra atención en ellos. Si no contáramos con este filtro, nos sería imposible concentrarnos en un único estímulo.

El problema de hoy en día es que nuestro filtro tiene que trabajar más para conseguir los mismos resultados de antes; tiene que luchar contra cada vez más estímulos: notificaciones, correos, anuncios, redes sociales, y muchos otros que compiten por nuestra atención. Como resultado de esta sobrecarga, le resulta imposible parar todas esas distracciones, lo que provoca que nos cueste mucho más concentrarnos e impide que nos centremos por completo en una actividad.

¿Podemos hacer varias tareas al mismo tiempo?

¿Te suena haber intentado ver la televisión mientras terminabas un trabajo en el ordenador? El famoso *multitasking*, a primera vista, parece eficiente y tentador, pero la realidad es que nuestro cerebro no está diseñado para concentrarse en dos tareas que requieran un alto nivel de atención al mismo tiempo.

Por eso no somos capaces de escuchar dos conversaciones a la vez o resolver un problema de matemáticas mientras pensamos en una idea creativa para un cumpleaños. Sin embargo, sí podemos conducir y hablar al mismo tiempo, pero (solo) porque conducir, una vez que está automatizado, requiere de menos atención. **Aquí está la clave del *multitasking*: no todas las actividades demandan el mismo nivel de atención.**

Podemos dividir las tareas en dos categorías:

- **Tareas automatizadas.** Las hacemos casi sin pensar, no requieren de nada o de casi nada de atención; por ejemplo, fregar los platos o atarnos los cordones.
- **Tareas que requieren atención.** Necesitamos concentrarnos para llevarlas a cabo correctamente; por ejemplo, hacer esquemas de un temario u organizar nuestra siguiente semana.

Por tanto, **si combinamos tareas que requieren atención con tareas automatizadas, la multitarea funciona** y es una buena opción para optimizar el tiempo en muchas ocasiones.

Por ejemplo, puedes escuchar los pasos de una receta mientras pelas y cortas las verduras, ya que escuchar la receta requiere de atención para seguir el ritmo sin distraerte y hacer la receta bien, pero pelar y cortar son tareas automáticas y no ocupan mucho espacio de atención.

Sin embargo, si tratas de realizar dos actividades que requieran mucha atención, serás menos eficiente, ya que se ha demostrado que, cuando se llevan a cabo varias cosas a la vez, recordamos menos lo que hemos hecho, somos menos creativos, cometemos más errores y tardamos más en completar las tareas. Cuando hacemos *multitasking* el cerebro debe volver atrás y ver por dónde iba antes de cambiar de tarea.

¿Es tu culpa tener problemas de concentración?

Ni eres el culpable ni eres el único con este problema. Hoy en día, concentrarnos es un reto y sería un error tratar este problema teniendo en cuenta únicamente esa parte individual sin atender a la parte contextual. Se podría decir que el entorno en el que vivimos está diseñado para que nos distraigamos.

Sin embargo, puedes hacer mucho para mejorar tu atención.

Herramientas para concentrarte mejor

1 Combina periodos cortos de concentración y distracciones

Si tienes problemas para mantener la atención, empieza por centrarte en una única tarea durante unos minutos. Puede parecer poco tiempo, pero la verdad es que ¡solemos distraernos cada menos de un minuto! Plantéatelo como un entrenamiento: la clave está en ir aumentando de forma gradual la duración.

Elige una actividad en la que deseas centrarte, por ejemplo: leer. Establece el tiempo que quieres dedicar a la lectura a lo largo de la semana y divídelo en periodos cortos de concentración seguidos por breves espacios de tiempo que utilices para distraerte.

Puedes usar un cronómetro para controlar los intervalos. Conforme vayas sintiendo más comodidad, puedes ir ampliando los periodos de concentración o reduciendo los de distracción.

Ejemplo de una rutina semanal:

- **Día 1:** concentrarte durante 5 minutos y distraerte 1 minuto.

- **Día 2:** concentrarte durante 10 minutos y distraerte 1 minuto.
- **Día 3:** concentrarte durante 15 minutos y distraerte 2 minutos.
- **Día 4:** concentrarte durante 20 minutos y distraerte 2 minutos.
- **Día 5:** concentrarte durante 25 minutos y distraerte 3 minutos.
- **Día 6:** concentrarte durante 30 minutos y distraerte 3 minutos.
- **Día 7:** concentrarte durante 35 minutos y distraerte 5 minutos.

Aplicar esta herramienta te ayudará a concentrarte cada vez más y a distraerte menos sin que llegues a sentir que la tarea es abrumadora.

2

Decide a qué quieres **dedicar** tu atención y empieza a hacerlo

Decidir en qué vas a concentrarte es lo más importante. Debes tener claro a qué le vas a dedicar tu atención y cuál es tu objetivo antes de empezar. Definir tus prioridades y actuar de forma intencional propicia que consigas lo que te habías propuesto.

Así que pregúntate:

- ¿Qué actividades o tareas son las más importantes para ti en este momento?
- ¿Por qué son significativas para ti?
- ¿Cómo se alinean estas tareas con tus valores y objetivos a largo plazo?
- ¿Qué beneficios obtendrás si logras concentrarte en ellas?
- ¿Cómo te sentirás al completarlas o al dedicarles tu atención?
- ¿Qué otras tareas puedes dejar para después con el objetivo de priorizar estas actividades?

3

Optimiza tu espacio de atención combinando tareas

El espacio de atención es limitado, por lo que saber utilizarlo de forma eficaz te ayudará a optimizar tu tiempo y a ser más productivo. No siempre se trata de hacer más cosas o dedicarles más tiempo; a veces solo necesitas saber gestionar bien tu atención y combinar adecuadamente tus actividades. Hay tareas que no ocupan todo nuestro espacio de atención, por lo que combinarlas con tareas automáticas resulta muy útil para ser más eficientes.

Te propongo que dividas las tareas que tienes que hacer en estas dos categorías:

Tareas automatizadas	Tareas que requieren atención
Planchar la ropa	Repasar mentalmente una presentación
Organizar la cocina	Escuchar audios pendientes
Pasear al aire libre	Buscar vestido para la boda de mi primo
Conducir	Estudiar
Colorear	Escuchar las noticias en la radio
Ir en transporte público	Redactar un correo

Una vez completadas las dos columnas, busca combinaciones útiles. Combina una tarea que requiera atención con una que tengas automatizada y hazlas, cuando sea posible, juntas.

Evita que tu espacio de **atención** se **sobrecargue** cuando quieres concentrarte en algo de verdad

Tenemos la posibilidad de elegir lo que entra en nuestro espacio de atención; por ello, en los momentos en los que quieras evitar que se sobrecargue, elige dedicar tiempo a una única actividad. Si quieres hacer un repaso mental de lo que ha pasado en tu día para reflexionar mientras estás volviendo a casa, puedes poner tu móvil en modo avión y apagar la música. **Hay tareas que, en ocasiones, es mejor hacerlas de una en una para concentrarnos bien en ellas.** Hacer estos cambios te ayudará a focalizar tu atención en lo que quieres de verdad.

Clasifica tus **tareas**

Para saber bien a qué dedicar tu atención, qué es prioritario y hacia dónde canalizar tu energía, es útil clasificar las tareas. Estas pueden categorizarse según el grado de productividad y el grado de disfrute que te aportan:

- **Tareas que son productivas y que disfrutas haciendo.** Son las tareas en las que más te implicas porque te importan y te permiten conseguir tus objetivos a largo plazo. Por ejemplo, diseñar una estrategia de promoción para el lanzamiento de un nuevo producto en tu negocio o celebrar con la familia el cumpleaños de tu abuela.

- **Tareas que son productivas y que no disfrutas haciendo.** Aunque no te gusten, te ayudan a avanzar en tus objetivos o responsabilidades. Por ejemplo, preparar el día de antes el *tupper* de comida para llevar a la oficina y así ahorrar tiempo y dinero, organizar las facturas de tu empresa o limpiar la casa.
- **Tareas que no son productivas y que disfrutas haciendo.** Se trata de esas tareas que son atractivas y entretenidas, pero que no te ayudan a lograr tus objetivos. Por ejemplo, ver vídeos en internet, editar tus fotos con amigos o hablar muchas horas con alguien por teléfono.
- **Tareas que no son productivas y que no disfrutas haciendo.** No nos aportan valor y tampoco son atractivas, pero consumen nuestro tiempo. Por ejemplo, cuando has terminado un trabajo, sabes que está bien, pero lo vuelves a revisar por si acaso.

Una vez que tengas tu lista hecha, es momento de priorizar las tareas:

- Dedica más tiempo y atención a las tareas que son productivas y que disfrutas.
- Reduce el tiempo y la atención que dedicas a las tareas no productivas pero que disfrutas.

- Gestiona de forma eficaz el trabajo que es productivo pero que no disfrutas.
- Elimina o simplifica las tareas que no son productivas ni disfrutas.

Identifica los **beneficios** a corto, medio y largo plazo

A veces, por inercia, empezamos a hacer actividades sin pensar bien en lo que vendrá después de hacerlas o en cómo nos sentiremos pasado un tiempo. Antes de decidir llevar a cabo una tarea, verifica bien cuáles son sus consecuencias a corto plazo, a medio plazo y a largo plazo.

Decisión	**Consecuencias a corto plazo**	**Consecuencias a medio plazo**	**Consecuencias a largo plazo**
Hacer *scroll* en Instagram	Entretenerme y relajarme	Pérdida de tiempo y sentimiento de falta de control	Insatisfacción por no dedicar tiempo a lo importante
Posponer una tarea importante	Alivio y reducción del estrés	Culpabilidad por no haber hecho lo que debía	Acumulación de tareas pendientes, lo cual genera más agobio
Concentrarme y avanzar en mi trabajo	Dedicar tiempo a lo que importa, aunque me cueste	Satisfacción por hacer cosas significativas para mí	Ver un progreso y mejorar mi rendimiento

- **Cuando te estés planteando hacer una actividad, reflexiona:**

- ¿Qué ocurre justo después de hacerla? ¿Y un tiempo después? ¿Y mucho tiempo después?
- ¿Qué siento en estas tres situaciones? Podría ser alivio, relajación, satisfacción, frustración, culpabilidad, orgullo, ansiedad, confianza...

- **Después de haber hecho el paso anterior, reflexiona:**

- ¿Qué tareas o actividades crees que te harán sentir bien a medio y largo plazo?
- ¿Hay tareas que llevas a cabo actualmente que pueden tener consecuencias negativas a largo plazo, pero que haces igualmente porque priorizas (consciente o inconscientemente) lo que te hacen sentir a corto plazo?
- Teniendo esto en cuenta: ¿crees que es el momento de dedicar tiempo a otras cosas? ¿Qué tareas piensas que deberías priorizar? ¿Cuáles no?

La idea es que apliques este ejercicio antes de empezar a hacer una actividad y reflexiones bien en qué quieres invertir tu atención y energía antes de llevarla a cabo.

7

Registra cada cierto tiempo qué **tareas** han ocupado tu atención

En ocasiones empezamos a hacer actividades sin pensar demasiado que nos desvían de nuestros propósitos. Después, va pasando el tiempo y no somos conscientes de ello.

Algo que puedes hacer para evitar esto es verificar con cierta regularidad si estás haciendo las tareas que realmente quieres. Por ejemplo, puedes programar una alarma (digamos una hora después) que te interrumpa para ver a qué estás dedicando tu atención. Cuando escuches la alarma, fíjate y reflexiona:

- ¿Dónde estaba tu mente cuando ha sonado?
- ¿Estabas concentrado en la tarea productiva, distraído o divagando?
- ¿Hay distracciones que te han robado la atención? ¿Qué puedes hacer al respecto?
- Si estabas concentrado, ¿cuánto tiempo lo has estado?
- ¿Estabas haciendo «lo más importante» que podías hacer en ese momento?
- ¿Sientes que estás saturado? ¿Podrías eliminar distracciones para sentir menos agobio?
- ¿Estabas haciendo las cosas por inercia o era realmente y lo que deseabas hacer?

Con esta herramienta identificarás tus patrones de concentración y las distracciones más frecuentes. Te ayudará a enfocarte intencionalmente en lo que te importa y a tomar consciencia de tu progreso y de tus objetivos.

8
Controla tus **distracciones** antes de que lleguen

Antes de enfocarte en tus tareas, es necesario que elimines las distracciones que podrían interrumpir tu concentración. Es mejor prevenir su aparición que lidiar con ellas. Así que lo primero es clasificar tus distracciones más comunes de la siguiente forma:

- **Controlables.** Las puedes evitar o reducir su impacto, como, por ejemplo, el móvil o trabajar en un espacio desordenado.
- **Incontrolables.** No tenemos control sobre ellas, como los pensamientos intrusivos, visitas inesperadas o ruidos externos.
- **Divertidas.** Nos distraen, pero son agradables, como una llamada inesperada de un amigo o una conversación interesante que surge entre tus compañeros de trabajo.
- **Aburridas.** Nos distraen y nos disgustan, molestan o enfadan, como un correo electrónico de tu jefe o jefa.

Ahora, reflexiona sobre cómo puedes eliminar todas aquellas distracciones controlables. Aunque no sea posible evitar todas las interrupciones, sí puedes elegir cómo responder a ellas:

- **Si es divertida:** permítete disfrutarla, pero recuerda volver a la tarea que ha sido interrumpida lo antes posible.
- **Si es aburrida:** responde rápidamente para que finalice lo antes posible y puedas retomar lo que estabas haciendo.

Eliminar o gestionar las distracciones antes de que te dominen hará que te sientas en control de tu tiempo.

9
Quédate sin **opciones**

Si quieres concentrarte, elimina todas las distracciones que puedas por completo. Cuando a tu alrededor no hay opciones tentadoras, solo puedes centrarte en lo que tienes delante, en eso que te habías propuesto. **Incluso las tareas que son más costosas pueden volverse más sencillas y divertidas porque, al no tener más opciones, tu nivel de compromiso es mayor.** Apaga la televisión, saca a tu mascota de la habitación, ponte tapones en los oídos para no oír los ruidos y, sobre todo, guarda tu teléfono móvil. Haz aquello que tengas que hacer para tener las mínimas opciones que desvíen tu atención. Gracias a esto, cada vez tendrás menos interrupciones y serás capaz de concentrarte durante más tiempo.

10

Saca tus distracciones **internas** y revísalas

Las distracciones no siempre tienen por qué venir de fuera, también pueden salir de tu interior; de hecho, estas nos roban mucha atención. **Los pensamientos e ideas que aparecen por nuestra mente también nos distraen.** Acordarte de que tienes que llamar a tu madre, querer proponer un plan que se te ha ocurrido a tus amigas o preguntarte qué estará haciendo tu pareja en este momento también te distrae.

Tenemos un mayor control sobre las distracciones externas que sobre las internas, pero eso es algo que podemos trabajar. Cada vez que un pensamiento te interrumpa, anótalo. Solo con hacer esto, liberarás espacio mental, ya que sabes que lo que has pensado no se te olvidará y dejarás de gastar energía en recordarlo. Es una forma de «sacar fuera» lo de dentro y será más sencillo que puedas concentrarte de nuevo en la actividad interrumpida. Después, en tus descansos, al final del día o al principio del día siguiente, revisa tus distracciones internas escritas y dedícales el tiempo y la atención que requieran en ese momento.

Lo más valioso que tenemos es el **tiempo** y, en cambio, **perdemos** horas y horas en actividades que no nos aportan nada solo **porque no sabemos frenarlas.**

EL PODER DE los hábitos

Imagina un río fluyendo sobre una roca. El agua pasa por encima de ella día tras día y a simple vista parece que no provoca cambios.

Pero, si vuelves a ese lugar unos años después, verás que el río ha modificado la forma de la roca. Puede que sus bordes ya no estén tan afilados, que tenga grietas o que sea un poco más pequeña.

Estos cambios no ocurrieron de la noche a la mañana, fueron fruto de la constancia del agua. De la misma forma, si el agua dejase de pasar por encima de la roca, esos cambios dejarían de suceder.

Los hábitos funcionan igual. Tendemos a pensar que, para lograr grandes cosas, tenemos que hacer grandes cambios, modificar totalmente nuestra rutina, tomar decisiones difíciles de forma drástica o dormir muchas menos horas que hasta ahora. **Pero en realidad es mucho más simple: basta con cambiar los pequeños hábitos de nuestro día a día.** Nuestros hábitos tienen un impacto muy grande en nuestra vida. Por ejemplo:

- Que cambies tu dieta de forma radical durante una semana no hará que tu salud cambie tanto como si incorporas hábitos alimenticios saludables en tu rutina poco a poco.
- Pasar varias horas en el gimnasio una vez al mes no es tan efectivo como ir media hora varias veces por semana, por ejemplo.
- Leer un libro en una mañana no cambiará tu relación con la lectura; sin embargo, leer varias páginas cada día sí lo hará.

Los verdaderos cambios no son fruto de un día de inspiración ni son inmediatos, sino que son la suma de muchos pasos, día tras día, y sus resultados se ven con el tiempo.

Está genial quererlo, pero tenemos que actuar

Deseamos cambios y queremos que las cosas ocurran, pero la intención por sí sola no es suficiente. **La intención sin acción no nos lleva a ningún sitio.** Si decides, por ejemplo, leer diez páginas cada día, pero nunca inicias esa tarea, se quedará en un deseo, y los deseos no crean hábitos.

No puedes depender de tu motivación

Es frecuente que de repente tengamos un pico de motivación y empecemos a hacer lo que nos hemos propuesto en ese instante. Es por esto por lo que el día 1 de enero vemos que muchas personas se apuntan al gimnasio. Se han propuesto hacer deporte el próximo año y están tan motivados que se inscriben el día 1. Semanas después van abandonando, ya que esa motivación inicial no se sostiene en el tiempo. **Para crear un hábito, necesitas constancia, no depender de tus niveles fluctuantes de motivación.** Debemos tener claro que no siempre vamos a sentirnos motivados, por eso no puedes depender de ello. Además, es fácil hacer las cosas cuando sentimos esos picos de motivación, pero no tenemos que hacerlas solo en esos momentos, sino que tenemos que hacerlas siempre, con fuerza de voluntad. La clave para incluir nuevos hábitos en tu vida es hacerlo, con o sin ganas, cada día.

El cerebro y los hábitos

Hay una frase que me encanta: «Tu cerebro hace lo que siempre suele hacer». Tu cerebro busca gastar la mínima energía posible, por lo que siempre tratará de hacer lo que ya conoce (independientemente de si es o no bueno para ti). Evitará hacer cosas nuevas, ya que le suponen un esfuerzo extra. Entender esto te ayudará a introducir nuevos hábitos en tu vida o a modificar los actuales.

Casi todo lo que hacemos cada día lo hacemos por inercia: apagar la alarma y revisar el móvil un rato, lavarnos los dientes después de cada comida, colocar las llaves siempre en el mismo lugar al llegar a casa, encogernos de hombros frente al ordenador... No necesitamos reflexionar ni tomar decisiones realmente conscientes para hacer todas estas actividades. Todo ello es útil para ahorrar energía, pero puede convertirse en un obstáculo si deseamos crear nuevos hábitos, ya que nuestro cerebro va a estar en contra: prefiere lo que conoce.

Por eso, lo difícil de crear un nuevo hábito es que tu cerebro se acostumbre a él. Al principio, cualquier cosa nueva que hagas es un esfuerzo. Pero lo bonito de los hábitos es que, cuando se repiten lo suficiente, se convierten en «conductas típicas». Tu cerebro los integra en tu rutina y te guía hacia esa conducta de manera automática.

Debemos tener en mente que este mecanismo funciona tanto para las conductas positivas como para las negativas. Por tanto, si repites comportamientos que son beneficiosos como levantarte temprano, desayunar sano o hacer deporte, estos se normalizarán y te resultarán cada vez más fáciles de hacer, pero si repites comportamientos poco saludables, como trasnochar cada día viendo series o pasar horas y horas haciendo *scroll*, estos hábitos también se cronificarán y cada vez serán más difíciles de modificar.

Está en tu mano elegir qué hábitos quieres empezar a introducir en tu vida. Aunque al principio te cueste, cada vez será más fácil para ti cumplir con ellos.

Dejar atrás los malos hábitos e instaurar buenos hábitos tienen el mismo propósito

Ambas actividades pretenden sustituir conductas que actualmente hacemos por unas más beneficiosas para nosotros. **Cuando intentamos dejar un mal hábito, nuestra motivación suele ser alejarnos de algo que nos genera consecuencias negativas o insatisfacción**. Por ejemplo, querer dejar de fumar puede estar impulsado por el deseo de evitar problemas de salud. Por otra parte, construir buenos hábitos puede estar provocado por el deseo de acercarnos a algo positivo para nosotros, como, por ejemplo, utilizar protector solar cada día para proteger nuestra piel.

Los hábitos te ayudan a ser más consciente

Repetir conductas cada día no solo te acerca a tus metas, sino que también desarrolla tu capacidad de atención plena y fortalece tu fuerza de voluntad. La atención plena consiste en estar presente en lo que piensas y haces, y marca la diferencia entre vivir de forma intencional y dejarse llevar por la rutina y el piloto automático. Si decides reflexionar diariamente sobre tus pensamientos y emociones, serás más consciente de cómo te sientes y qué piensas durante el día.

¿Cuánto se tarda en formar un hábito?

No hay un tiempo estipulado para desarrollar un hábito, depende de ti y del hábito que quieras introducir en tu vida, ya que unos cuestan más que otros. No es lo mismo querer comer mejor que echarte crema hidratante todos los días. Independientemente de si tardas en crearte el hábito 21 días o 120, si lo haces durante 45 días, el día 46 será más fácil que el primero, aunque aún no esté totalmente automatizado. Pero entonces ¿cómo podemos saber si un comportamiento repetido es ya un hábito?

- **Ya no te resistes a hacerlo.** Cuando tu comportamiento se vuelve un hábito, no necesitas tener mucha motivación ni requiere mucho esfuerzo llevarlo a cabo, simplemente lo haces: es parte de tu rutina.
- **Te sientes identificado con él.** Tu hábito forma parte de ti, ya no es algo que no haces nunca o que haces solo a veces, sino que forma parte de tu rutina y de tu identidad. Te sientes cómodo al decir: «Como pescado», «Hago natación» o «Soy jardinero».
- **Lo haces de forma automática.** No piensas más allá. Si por ejemplo te has acostumbrado a salir a caminar a las 8 de la tarde, cuando se acerque esa hora sabrás que tienes que vestirte y saldrás de casa para caminar.
- **Sabes que mañana también lo harás.** Cuando un comportamiento se vuelve un hábito, sabes que, salvo que ocurra algo fuera de lo normal o haya alguna emergen-

cia, mañana también lo harás. Además, fallar un día no provocará que al día siguiente también falles.

- **Hacerlo no será tan emocionante como al principio.** Cuando un comportamiento se vuelve un hábito, lo normalizas. Será un comportamiento más, algo cotidiano, y no te apetecerá celebrarlo cada día.
- **No es divertido.** Los hábitos no son divertidos ni emocionantes. De hecho, pueden ser aburridos, y ese es uno de los motivos por los que puede que los dejemos de hacer. No son emocionantes, aunque sí lo sea ver cómo cambian tu vida a largo plazo.

Herramientas para crear nuevos hábitos

11

Fíjate en tus hábitos **actuales** y **reflexiona** sobre si son o no efectivos para ti

Hay conductas que tenemos automatizadas de tanto repetirlas y a veces no somos ni siquiera conscientes de que las hacemos. Te invito a que hagas una lista de tus hábitos diarios y a que vayas anotando tus conductas durante varios días en ella. Si te ayuda, puedes dividirlas entre lo que realizas por la mañana, por la tarde y por la noche. Después, añade otras conductas que también haces, pero que no son clasificables por horas o no siempre ocurren.

Ejemplo de lista de hábitos diarios:

Apagar la alarma y revisar el móvil un rato

Ducharme

Hacerme el *skincare*

Hacer la cama

Prepararme café y tostadas

Dejar la cubertería utilizada en el fregadero

Mirar el móvil mientras desayuno

Elegir la ropa y dejar lo que no me pongo tirado en la cama

Lavarme los dientes

Salir de casa

Comprobar que he cerrado bien la puerta

Coger el autobús

Fumar un cigarro mientras espero el bus

Llamar a algún ser querido en el trayecto al trabajo

Comer algún *snack* no saludable al llegar

No organizarme las tareas que tengo que hacer hoy

Beber agua de forma periódica

Hablar con mis compañeros de trabajo en los descansos

Revisar el perfil de mi ex en Instagram

Posponer tareas importantes

Revisar el móvil sin ningún fin mientras estoy trabajando

Dar paseos después de cenar

Dormirme más tarde de lo que me gustaría porque estoy mirando el móvil

Una vez que tengas todas o la mayoría de tus conductas escritas, es momento de analizarlas. Reflexiona sobre si son buenas, malas o neutras para ti, y clasifícalas en tres categorías:

- :) → si es buena para ti
- :(→ si es mala para ti
- nada → si es neutra

Solo tú puedes categorizar estas conductas como buenas o malas. Una mala conducta para ti puede ser buena para otra persona, y viceversa; todo esto depende de lo que quieras lograr y de la persona en la que te quieras convertir.

Aunque cueste aceptarlo, todos los hábitos tienen su función, incluso los que son malos para ti. Por eso no debes juzgarte por tenerlos. Te animo incluso a descubrir qué te aporta cada uno de tus malos hábitos para poder entender mejor el motivo por el que los haces y ser más compasivo o compasiva contigo.

Por ejemplo, un mal hábito puede ser acostarse tarde viendo películas, pero quizá es efectivo para evitar el aburrimiento.

Piensa en el medio y largo plazo para decidir qué hábitos realmente son efectivos . Si tus conductas te acercan a la persona que quieres ser, seguramente sean buenos para ti, pero, si no te acercan, posiblemente sean malos.

12

¿Qué **hábitos** quieres que empiecen a formar parte de tu día a día?

Es momento de pararse a reflexionar sobre lo que quieres que forme parte de tu rutina. Como implementar hábitos cuesta y nuestro cerebro va a mostrar resistencia, te propongo que hagas el hábito deseado lo más pequeño posible, ya que el objetivo es que el esfuerzo que tengas que hacer sea mínimo.

Estos son algunos ejemplos:

El objetivo de esta herramienta es que simplifiques al máximo las conductas que vas a empezar a hacer cada día, que sean tan pequeñas que te parezcan tontas y que, por tanto, no puedas saltártelas. Puede que pienses: «¿Y de qué me sirve escuchar un minuto de una conversación en inglés al día? Haciendo eso nunca seré bilingüe». Recuerda que quieres crear hábitos y para eso tienes que repetir conductas. Es mejor escuchar algo en inglés todos los días un minuto que ver una maratón de películas en inglés una vez cada tres meses.

13
¿Por qué **quieres** tener **esos hábitos**?

Antes de tratar de incluir los hábitos deseados en tu rutina, es importante que te preguntes: «¿Por qué quiero hacerlo?». Es muy común que, cuando tenemos este tipo de deseo, nos quedemos con respuestas superficiales: «Es bueno para mí» o «Debería hacerlo». Sin embargo, es necesario que conectes con las razones profundas por las que lo haces para ayudarte a ser consciente de lo importante que es para ti. Esto hará que sea más sencillo mantener el hábito a largo plazo.

Imagina que tu hábito deseado es tocar el violín. Esta herramienta consiste en preguntarte sin cesar por qué es importante para ti adoptar ese hábito.

¿Por qué es importante para mí tocar el violín?

- Porque de pequeña lo tocaba y disfrutaba mucho, pero lo dejé y siempre he querido retomarlo.
- Porque cuando toco siento que el mundo se para por un rato.
- Porque quiero recuperar esa sensación de calma y concentración que el violín me daba.
- Porque necesito tener un espacio en mis días para desconectar, relajarme y dedicar tiempo a algo que realmente me hace sentir bien.
- Porque sé que tocar el violín de nuevo me hará feliz y necesito incluir nuevas aficiones en mis rutinas.

14

Una vez que empiezas, puedes **hacer** el **mínimo** que te habías propuesto o incluso más

Lo que más nos cuesta es dar el primer paso y por eso es fundamental que tu objetivo sea extremadamente sencillo. ¿Cómo no vas a poder hacer una sentadilla? **El truco está en ponerte en marcha. Una vez que hayas comenzado será más difícil que te detengas.** Por ejemplo, si tu propósito es comer un gajo de mandarina, es posible que acabes comiendo cinco gajos porque sentirás que estás superando tu objetivo.

Ver cómo cumples cada día con tu propósito te hará sentir que eres capaz de hacer y conseguir lo que te propongas. Esa sensación de logro diario reforzará la idea de que eres mucho más capaz de lo que creías.

15

¿Qué vas a **hacer**? ¿Cuándo? ¿Dónde?

Dejar que las cosas fluyan no suele ser la mejor estrategia para cumplir con tus objetivos. Necesitas tener un plan para que la probabilidad de éxito sea mayor en aquello que te propones. **Es importante que no dependas solo de tu motivación;**

la disciplina es mucho más importante. Cuando ya has definido en tu horario qué vas a hacer y cuándo, eliminas la necesidad de tomar decisiones de última hora. Únicamente necesitas cumplir con lo que ya has planeado.

Tener estas respuestas claras no solo aumentará las probabilidades de que cumplas con tus metas, sino que también te ayudará a priorizar tu plan y evitarás aceptar otros planes que han surgido de repente. Recuerda: lo más importante es no fallar ningún día. Si durante tu día no has podido cumplir con tu hábito a tiempo, no lo dejes pasar. Hazlo antes de irte a dormir como un último esfuerzo para mantener la constancia.

16
¿Cómo decidir cuántos **hábitos** pequeños vas a hacer al mismo tiempo?

Puede que tengas muchas ganas de empezar a hacer varias cosas y es posible hacerlas al mismo tiempo. Pero recuerda que, una vez que empiezas a llevar a cabo una pequeña acción para lograr tus hábitos deseados, tienes que conseguirlo cada día (a menos que haya una emergencia). Antes de incorporar una actividad a tu rutina, haz lo siguiente:

1. Elige la pequeña acción que te ayudará a crear el hábito que más deseas incorporar en tu rutina.
2. Hazlo durante varios días, por ejemplo, durante una semana, y párate a hacerte estas preguntas cuando lo

hayas hecho de forma consecutiva durante los días propuestos:

- ¿Cómo me siento?
- ¿Está siendo fácil para mí hacerlo cada día?
- ¿Considero que soy capaz de añadir otras acciones diarias relacionadas con incluir otro hábito?

3. Es momento de decidir: añade un hábito más o quédate como hasta ahora.

Cada hábito es diferente, por lo que no se puede establecer un número de hábitos ideal para todos. Depende de cuáles hayas escogido y de la comodidad que sientas con lo que has avanzado hasta el momento. Por otro lado, ten en cuenta que, cuantas más acciones tengas que hacer cada día, menos probable será que hagas un poco más en cada una de ellas.

17
Romantiza tus **hábitos**

Mantener hábitos en el tiempo y no fallar puede llegar a ser todo un reto. Esta herramienta consiste en romantizar lo que tienes que hacer para que sea más agradable hacerlo. Romantizar tus hábitos te ayudará a reconocer que luchar por tus objetivos también implica disfrutar del proceso y no solo de los resultados. **Los hábitos no son únicamente tareas que cumplir, sino oportunidades para cuidar de ti.**

Te muestro algunas ideas que pueden inspirarte:

	Cuando lo hagas, procura que sea más atractivo	**Haz que todo sea más bonito**
Si vas a leer	Puedes hacerte un café o té caliente y encender una vela.	Puedes utilizar una taza bonita que te guste y comprar una libreta nueva para tomar apuntes.
Si vas a hacer deporte	Puedes preparar una *playlist* que te motive e ir con alguna persona importante de tu vida a la que también le guste hacer ese deporte.	Puedes elegir ropa cómoda y bonita con la que te veas bien y te sientas a gusto, y llevarte una botella de agua con una frase inspiradora.
Si vas a pintar	Puedes buscar un espacio en tu casa con luz natural, en el que no puedan interrumpirte, y poner música de fondo.	Puedes decorar el espacio en el que pintas para que sea un lugar en el que disfrutes más de pasar tiempo.

18
Rastreando tus hábitos

Consigue un calendario, una plantilla mensual o dibuja algo así como lo que ves en la ilustración, que llamaremos rastreador de hábitos. Lo primero es elegir cuáles van a ser tus hábitos y escribirlos. Cada vez que termines cada uno de ellos, coloca una X sobre el día correspondiente. Asigna un color diferente a cada uno y ve completando el espacio correspondiente a ese día conforme vayas cumpliendo con tus objetivos propuestos.

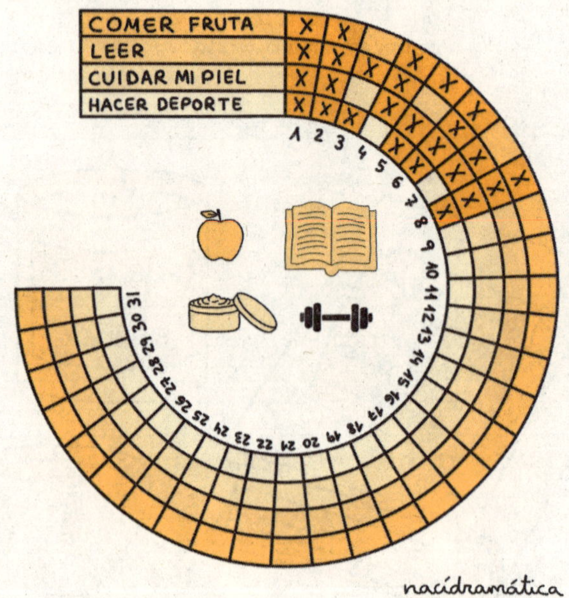

¿Cuál es el objetivo de tener esta plantilla que rastrea tus hábitos? Que logres no romper tu racha. Más allá de lo bien que te salga ese día tu actividad o el tiempo que le dediques, el objetivo será no fallar. Si lo has hecho, pones X. Esta herramienta no solo te ayudará a ser constante, sino que también te hará ver tu progreso y comprobar con qué hábitos te cuesta más comprometerte y con cuáles te es más sencillo cumplir. Cada vez que mires tu plantilla, verás tu esfuerzo transformado en X. Cuando se acumulen, te hará sentir muy bien y comprometido contigo.

19
Conecta el hábito que quieres **implementar** con uno que ya practicas

Si te cuesta encontrar el momento en el que empezar a llevar a la práctica tus nuevos hábitos, puedes vincularlos con otros que ya hagas para aprovechar tu rutina establecida y lograr así tus objetivos.

Puedes hacerlo de dos formas:

- Mientras hago mi (hábito actual), haré el (nuevo hábito).
- Después de hacer el (hábito actual), haré el (nuevo hábito).

Aquí tienes unos ejemplos:

- Después de lavarme los dientes, me pondré la crema hidratante.
- Mientras como al mediodía, leeré unas páginas de mi *ebook*.
- Después de dejar a mi pareja en el trabajo, le enviaré un mensaje para desearle un buen día.
- Mientras camino por la tarde, llamaré a mi padre.
- Después de terminar el café de por la mañana, haré diez sentadillas.
- Mientras voy en autobús al instituto, repasaré los apuntes para el examen.
- Después de salir a correr por la mañana, iré a desayunar con mi madre.

20
Diseña tu **entorno** para el éxito

Rediseñar el ambiente es crucial, porque nuestro entorno influye mucho en nuestras decisiones y comportamientos del día a día. **En lugar de depender de la fuerza de voluntad para resistir tentaciones, podemos ajustar el espacio en el que vivimos para evitar que nos distraigan o se conviertan en un problema.**

Recopila la lista de hábitos que querías implementar y hazte la siguiente pregunta: ¿qué elementos de tu espacio están facilitando o dificultando que integres un hábito en tu rutina?

Por ejemplo, si tu objetivo es crearte el hábito de no utilizar el móvil antes de dormir, tenerlo cerca puede fomentar el uso nocturno. En cambio, colocar un libro en la mesita te ayudará a no cogerlo.

Para lograr tus objetivos, puedes hacer lo siguiente:

1. **Haz cambios en tu entorno**
   - **Si tu hábito deseado es comer más saludable.** Guarda los ultraprocesados en armarios que no sean tan accesibles o reduce la cantidad que compras. También puedes colocar un frutero a la vista para comer más fruta cuando te apetezca algo dulce.
   - **Si quieres limpiar la vitrocerámica al terminar de cocinar.** Coloca el quitagrasas a la vista para recordar que tienes que limpiar mientras cocinas.
   - **Si deseas reducir el uso que haces de algunas aplicaciones.** Utiliza aplicaciones que no te permitan entrar a ellas o que limiten su tiempo de uso.
2. **Utiliza recordatorios**

Hay muchas estrategias que pueden hacerte recordar que tienes que llevar a cabo lo que te has propuesto. Pueden ser *post-it* con mensajes, alarmas, cambiar algo que siempre está en un sitio a otro, etc. Por ejemplo, coloca un *post-it* en la pantalla de tu ordenador para leerlo cada vez que lo enciendas que diga: «Bebe agua» o «Estírate».

3. Asocia tus hábitos con espacios específicos

Tener espacios específicos para tus hábitos te ayudará a asociarlos con el lugar. Dale a cada actividad su propio espacio para que desarrolles asociaciones claras y eficaces. Por ejemplo:

- Utiliza una mesa solo para trabajar o estudiar, evitando comer, mirar las redes sociales o hacer otras tareas en ella.
- Encuentra un espacio específico para meditar, aunque únicamente sea un pequeño rincón con un cojín y una vela.

Elige determinados espacios para hacer cosas específicas con el objetivo de asociar lugares con hábitos.

Puede que te cueste **cumplir** con tus hábitos hoy, pero en el **futuro** **agradecerás haberlo hecho.**

GESTIÓN DEL TIEMPO Y productividad

¿Dispones de suficiente tiempo para hacer todo lo que debes hacer? **Tenemos mucha carga laboral, mil responsabilidades sociales, necesitamos tiempo para nosotros y, encima, estamos rodeados de distracciones.** ¿Son suficientes 24 horas? Es posible que sientas que no, pero, en realidad, lo que realmente importa no es de cuánto tiempo dispongamos, sino cómo lo gestionamos.

Piensa en una partida de ajedrez: los dos jugadores empiezan con las mismas piezas colocadas en el mismo sitio. Sin embargo, cada uno utilizará una estrategia distinta y obtendrá resultados diferentes.

Con el tiempo pasa lo mismo: un año tiene 12 meses para todo el mundo, la semana 7 días y los días 24 horas de 60 minutos. Pero no todos hacemos las mismas cosas con nuestro tiempo ni nos organizamos igual. **El tiempo es un recurso limitado y muy valioso porque no se puede recuperar.**

Cuando estamos de viaje y solo tenemos unos días para descubrir la ciudad, solemos ser muy eficientes: decidimos qué queremos ver con antelación y planificamos las rutas para aprovechar el tiempo al máximo. En nuestro día a día, podemos actuar de forma parecida: después nos sentiremos muy satisfechos y felices por haber logrado terminar todo lo que queríamos y saber que estamos aprovechando el tiempo.

¿Cómo saber si tienes dificultades para gestionar tu tiempo?

- No encuentras el equilibrio entre tus obligaciones y el tiempo que dedicas al descanso y a ti mismo.

- Sientes que trabajas mucho, pero no avanzas tan rápido como te gustaría.
- Tienes demasiadas cosas por hacer y no dispones de tiempo.
- Sientes que vas acelerado.
- Tu agenda está siempre demasiado llena.
- Dejas para mañana lo que te da pereza.
- Te cuesta concentrarte.
- Te abruma pensar en la cantidad de tareas que debes hacer.
- Vas improvisando el día a día.

Si gestiono mal mi tiempo, ¿por qué no cambio nada?

A veces no salimos de situaciones negativas porque, de alguna forma (a menudo inconscientemente), nos aportan algo. No intervenir en la mala gestión del tiempo tiene algunas ventajas, por ejemplo:

- **Evitar el cambio.** Es más sencillo quedarnos con los hábitos que tenemos que afrontar la posible incomodidad de tratar de modificarlos.
- **Que nos vean como personas ocupadas.** Nos gusta sentir el reconocimiento de la gente que piensa que trabajamos tanto que no tenemos tiempo libre.
- **Subidón de adrenalina.** A veces disfrutamos de la intensidad de trabajar bajo presión.

- **Ignorar problemas reales.** Estar siempre ocupados nos permite ignorar conflictos que requieren de nuestra atención, como problemas de pareja o la soledad.
- **Dudar de que lo merezco.** Pensamos que no merecemos una vida más organizada y con más bienestar.

Tomar consciencia de todo ello puede ser el primer paso para mejorarlo.

Mitos sobre la gestión del tiempo

Tenemos muchas creencias sobre la gestión del tiempo que en realidad son equivocadas, por ejemplo:

- **«Las personas que son organizadas han nacido así».** Como tantas otras habilidades, la organización se aprende y se entrena. Simplemente necesitamos comprometernos con el cambio y aplicar las herramientas adecuadas en el día a día.
- **«Ser productivo es hacer muchas cosas».** Solemos asociar la productividad con agendas llenas y días sin pausas, pero ser productivo no significa que todo tu tiempo esté lleno de cosas que hacer. La clave está en centrarnos en lo importante. Una persona realmente productiva no hace más, sino que hace lo que realmente le aporta y lo que está relacionado con sus objetivos.

Herramientas para aprender a gestionar tu tiempo y ser más productivo

21
¿Por qué **quieres** aprender a gestionar tu tiempo?

La clave para cambiar comportamientos automatizados es encontrar los verdaderos motivos por los que deseamos hacerlo. Antes hemos hablado de los beneficios que tiene no hacer cambios en nuestra gestión del tiempo, y ahora quiero preguntarte: ¿cómo te ayudaría aprender a gestionar bien tu tiempo?

Por ejemplo, los beneficios que me traería aprender a gestionar bien mi tiempo son:

- Mi productividad sería mayor.
- Mi vida sería más ordenada.
- Disfrutaría de mi descanso más y mejor.
- Llegaría a mis objetivos sin agobiarme tanto.
- Sentiría que estoy luchando por la vida que deseo.
- Me encontraría mucho mejor conmigo mismo.

Conectar con las razones que te inspiran a hacer cambios en tu vida es muy motivador. Antes de tratar de instaurar nue-

vas rutinas es necesario pensar bien en los porqués de hacerlo y en los beneficios que nos traerá.

22
Los vasos del **tiempo**

Para empezar a gestionar tu tiempo, primero, necesitas ver bien a qué dedicas las 24 horas de tu día. Esta herramienta te ayudará a observar de forma representativa lo que haces con tu tiempo y te animará a hacer cambios.

- Coge un folio y divídelo en 48 trozos.
- Durante un día, escribe en un papel lo que has hecho cada media hora. Si una tarea dura más de 30 minutos, escríbela varias veces hasta que se sume el total de tiempo dedicado. Por ejemplo: si has estado dos horas pensando ideas para una campaña de marketing para el trabajo, escribe en cuatro papeles «campaña de marketing».
- Al final del día, junta todos los papeles y clasifícalos en diferentes vasos de cristal: «Trabajo», «Descanso», «Tareas del hogar», «Deporte», «Relaciones sociales», «Comidas», «Redes sociales», «Juegos del móvil», «Lectura», «Cuidar de mi perrita».
- Pon todos los vasos juntos, uno al lado del otro.
- Empieza a sacar conclusiones mientras ves tus vasos más o menos llenos de papeles.

- ¿El tiempo que dedicas a cada área de tu vida es el que creías? ¿Te has llevado alguna sorpresa?
- ¿Crees que el tiempo está bien invertido o podrías redistribuirlo mejor?
- ¿Qué vasos te gustaría que estuvieran más llenos? ¿Y más vacíos?
- ¿Qué consecuencias tiene que distribuyas tu tiempo así?

Puedes hacer este ejercicio durante varios días e ir comparando los resultados. Ver cuánto tiempo le dedicas a cada actividad te ayudará a tomar consciencia de tu gestión del tiempo y a decidir qué cambios quieres hacer.

23

Haz una lista de las **tareas** que tienes pendientes

Después de observar cómo gestionas tu tiempo, vamos a analizar mejor tus tareas pendientes. A veces, nos sentimos abrumados por todo lo que tenemos que hacer, pero escribirlo y verlo fuera de nuestra cabeza nos ayuda a considerarlo desde una perspectiva diferente. Escribe todo lo que tienes pendiente esta semana sin preocuparte por la urgencia ni por la prioridad; simplemente saca todo de tu mente y escríbelo.

Por ejemplo:

- Cortar el pelo a mi perro
- Revisar y enviar el informe final de mi trabajo de fin de grado
- Hacer la compra
- Organizar mi dinero y hacer un plan de ahorro e inversión a largo plazo
- Leer un libro sobre nutrición
- Pedir cita para renovar el DNI
- Organizar las carpetas de mi ordenador
- Hacer prácticas del coche
- Preparar la declaración de impuestos

Arreglar la ventana del salón porque entra frío

Salir a correr tres veces

Repetir el resumen del tema 7 porque no estoy contenta con el resultado

Pensar qué máster quiero hacer el año que viene

Ir al cumple de mi amiga

Ver de nuevo un capítulo de una serie que me encanta

Pintar de otro color la estantería

Pedir cita al médico por los dolores de menstruación

Organizar mi menú semanal saludable

Visualizar todo lo que tienes que hacer es imprescindible para empezar a gestionar mejor tu tiempo.

24

La matriz **Eisenhower**: clasifica las **tareas** según la importancia

Coge tu lista de tareas pendientes y organízalas según su importancia y urgencia. Para ello, pregúntate:

- **¿Esta tarea me ayuda a conseguir mis objetivos?**
- **¿Esta tarea requiere que le preste atención inmediata?**

Es importante tener en cuenta que la clasificación de tus tareas depende mucho de cuáles son tus objetivos y de tu situación personal en este momento. Por ejemplo, si tienes la exposición de un trabajo importante dentro de poco, puede que pongas actividades sociales en el cuadrante cuatro, porque en este momento no es lo primordial para ti, aunque de normal sí lo sea.

Urgente e importante	**Importante pero no urgente**
Tareas relacionadas con tus objetivos que requieren de atención inmediata. Posponerlas tiene graves consecuencias para ti.	Tareas que hay que planificar bien porque son importantes para conseguir nuestros objetivos a largo plazo, pero que ahora mismo no requieren de acción inmediata. Es frecuente que las pospongamos, pero son importantes y nos van a llevar a lo que queremos ser y lograr.
Urgente pero no importante	**Ni urgente ni importante**
Tareas que son urgentes, pero que no aportan nada a tus objetivos. Se recomienda delegarlas o ponerles límite. Tienes que realizarlas ahora, pero no son significativas para ti. Seguramente no necesiten de tus habilidades.	Una vez que hayas clasificado las tareas anteriores verás que hay algunas que aún no has clasificado. Suelen ser distracciones que te alejan de tus objetivos, que te quitan tiempo de lo que de verdad importa o tienes que hacer. Se recomienda eliminarlas o reducirlas.

Esta herramienta no solo te ayuda a organizar tus tareas, también te guía para que veas qué es realmente importante y a qué tienes que dedicar tu tiempo y energía para conseguir tus propósitos.

25
La **regla** de los dos minutos

¿Y si en dos minutos te diese tiempo? ;)

Imagina que entras en tu edificio y ves que del buzón sobresale una carta. Piensas: «Luego cuando baje la cojo». De momento la carta se queda en el buzón. Cuando llegas a casa ves que tienes la chaqueta en el sofá y de nuevo piensas: «Luego la guardo». Más tarde, recibes un mensaje de tu amiga preguntándote cuánto te costaron tus auriculares porque se quiere comprar unos nuevos y le respondes: «Después lo miro y te digo».

En realidad, podías haber abierto el buzón y haber cogido la carta en menos de dos minutos. Podías haber guardado la chaqueta en menos de dos minutos. Y también podías haber mirado la factura de tus auriculares en el correo electrónico y decirle a tu amiga lo que te costaron en menos de dos minutos.

Esta es *la regla de los dos minutos*. Esta herramienta, creada por David Allen, es supersencilla pero muy útil: **si hacer una tarea te lleva menos de dos minutos, hazla inmediatamente**. No pienses más, no la postergues, no la incluyas en tu lista de tareas pendientes. Si tienes dudas sobre cuánto tardarás en hacer una determinada tarea, empieza haciendo pruebas: pon un cronómetro. Verás cómo muchas de las tareas que pospones se terminan en menos tiempo del que piensas.

Si empiezas a aplicar esta herramienta en tu día a día, evitarás que las tareas se acumulen, y con ello te ahorrarás mucho ruido mental. Completar tareas, por pequeñas que sean, nos motiva a seguir avanzando.

26

Bloquea tus **espacios** de tiempo

Esta herramienta es muy sencilla y realmente útil para gestionar bien tu tiempo. Lo primero de todo es planificar tu próximo día: divide tu día o tu jornada laboral en bloques de tiempo que sean cómodos para ti, de media hora, una hora, dos horas, tres horas... Depende del tiempo que quieras invertir en cada tarea. Dedica unos minutos a planificar y elegir bien cuánto tiempo vas a dedicar a cada una de ellas.

Es importantísimo respetar los bloques establecidos al máximo. Durante cada bloque, utiliza ese tiempo para hacer únicamente la tarea asignada.

Esta herramienta te ayudará a evitar la multitarea de la que hablamos en el primer capítulo, porque te obliga a centrarte durante un tiempo en la tarea elegida. **Así, consigues no dejar las cosas a medias y evitas hacer dos tareas a la vez o cambiar de actividad cada cinco minutos.**

Si de repente te distraes y no sabes por dónde ibas, solo tienes que mirar tu papel con tu horario perfectamente planificado y hacer lo que pone que tendrías que estar haciendo en ese momento.

Es importante ser flexible con esta herramienta, ya que muchas veces surgen imprevistos que van a requerir de tu atención y tiempo: cosas que no estaban en tu agenda como llamadas espontáneas o cambios de última hora. Organiza estos bloques de forma que sea posible modificarlos y permítete hacer ajustes si es necesario sin sentirte mal contigo mismo cuando esto ocurra. Recuerda que es algo normal y que es imposible tener todo organizado siempre.

27
Pon **fecha** límite a tus **tareas**

Es frecuente que empecemos a hacer nuestras tareas sin poner fechas límite, y esto hace que se prolonguen más tiempo del necesario o que procrastinemos de más.

Por ello, a partir de ahora, cuando tengas que empezar una tarea:

- **Define plazos realistas, pero también retadores.** Establece una fecha límite que te motive a empezar y llevar a cabo la tarea hasta el final, y que a su vez no comprometa la calidad de tu trabajo.
- **Divide tu tarea en plazos pequeños.** Si la tarea es grande, puede ayudarte mucho dividirla en pequeñas tareas con diferentes fechas de finalización.
- **Imagina que es urgente.** Cuando sentimos que queda poco tiempo para hacer una tarea, solemos ser mucho más productivos. Piensa que es urgente. Así, te forzarás a terminarla a tiempo.
- **Apunta una fecha límite en un calendario o agenda.** Cada vez que repases tu calendario tendrás presente esa tarea.

Cuando pruebes esta herramienta, puedes preguntarte:

- ¿El plazo que me he marcado ha sido realista? ¿Podría haber terminado antes? ¿Me he dado más tiempo del que hubiera necesitado? O al contrario: ¿he sido demasiado exigente y el plazo no era adecuado?
- ¿Ha habido algún factor que me haya hecho retrasarme y no cumplir con la fecha? ¿Han surgido imprevistos? ¿Cómo puedo anticiparme a ellos la próxima vez?
- ¿He aprovechado bien el tiempo? ¿Me he organizado bien? ¿Me ha ayudado poner una fecha límite?
- Si he cumplido con la fecha propuesta, ¿cómo me siento al cumplir con la fecha límite? ¿Me motiva y me ayuda?

Elegir una fecha de finalización para las tareas nos permite aprovechar mejor el tiempo y concentrarnos más, evitando así que estas se prolonguen de forma innecesaria.

28

Desglosa las **tareas** grandes en partes más **pequeñas** y asígnales una duración

Si tenemos por delante tareas grandes, es muy útil calcular bien la duración para hacerlas en pequeños pasos y ver cuánto tiempo necesitamos en total para llevarlas a cabo. Esta herramienta puede ayudarnos a comprobar si tenemos tiempo suficiente para hacerla bien, a prever posibles dificultades e inconvenientes y a organizarnos de forma óptima.

Para hacerlo:

1. Identifica la tarea.
2. Desglósala en pequeñas subtareas.
3. Asigna una duración a cada subtarea.
4. Decide cuándo tiene que hacerse cada tarea.
5. Calcula el tiempo total que necesitas para hacerlo todo.
6. Si no puedes o no quieres dedicarle tanto tiempo, propón alternativas, como delegar o pedir ayuda.
7. Calcula cuál es el tiempo final que necesitas tú para hacer esta tarea una vez que ya tengas decididas las posibles ayudas o delegaciones.

Ejemplo: organizar una fiesta de cumpleaños sorpresa a mi hermano.

Subtareas	¿Cuánto se tarda?	¿Qué día se tiene que hacer?	¿Necesito delegar o que me ayuden?	¿Quién me ayuda o quién lo hará?
Definir el presupuesto para la fiesta	1 hora	Día 1	No	-
Hacer la lista de invitados	Media hora	Día 2	No	-

Elegir el lugar para hacer la fiesta	2 horas	Día 2	Sí, delegar	Nuestra madre
Avisar a todos los invitados	Media hora	Día 3	Sí, delegar	Nuestra madre
Elegir la temática de la fiesta y pensar la decoración	2 horas	Día 3	Sí, necesito ayuda	Lo pensaré junto con algún familiar
Planificar actividades divertidos para hacer en el cumpleaños	3 horas	Día 4	Sí, delegar	Nuestra amiga Laura, que es muy creativa
Buscar y contratar a un DJ	1 hora	Día 5	Sí, delegar	Nuestro primo conoce DJ de la zona
Contratar empresa para el catering y seleccionar platos	3 horas	Día 5	No	-
Comprar regalos para el cumpleañero	3 horas	Día 6	No	-
Comprar la decoración	3 horas	Día 7	No	-
Elegir y comprar la tarta del cumpleaños	1 hora	Día 8	Sí, delegar	Irá a por ella nuestra tía
Decorar el lugar de la fiesta	2 horas	Día 8	Sí, necesito ayuda	Lo decoraré con su novia

Recoger al cumpleañero y llevarlo al lugar de la fiesta	Media hora	Día 8	Sí, delegar	Alguno de sus amigos
TOTAL	22,5 horas	8 días	Voy a dedicar 12 horas	Mis amigos y familiares van a dedicar 10,5 horas

Visto así, parece mucho más fácil, ¿verdad? Puedes comprobarlo tú mismo con una tarea grande que tengas a la vista.

29
Analiza tu **relación** con el tiempo

Esta herramienta tiene como objetivo ayudarte a reflexionar sobre tu relación con el tiempo y tu forma de gestionarlo. Verás que se plantean unas frases; tienes que completarlas como en el ejemplo.

Ejemplo: Siento que siempre me falta tiempo para hacer deporte, tener detalles con mis familiares y hacer planes de ocio que realmente me hagan ilusión.

- Siento que siempre me falta tiempo para ____________
____
- Dedico gran parte de mi tiempo a ______________
____

- Me gustaría poder dedicar todos los días tiempo a ____
____
- Me cuesta decir «no» a __________________________
____
- Suelo perder tiempo haciendo ____________________
____
- No me gusta dedicar tanto tiempo a _______________
____
- Cuando tenga más tiempo ________________________
____
- Creo que no aprovecho bien mi tiempo porque _______
____
- Pienso que siempre tardaré menos haciendo ________
____
- Tendría que definir mis objetivos sobre _____________
____

Completar estas frases te ayudará a identificar patrones, hábitos y creencias que podrían estar influyendo en tu productividad. Te va a permitir reconocer áreas en las que podrías gestionar mejor tu tiempo, descubrir algunas distracciones que pueden estar alejándote de lo que quieres conseguir y a conectar con lo que realmente te importa.

Es el primer paso para empezar a ver cómo puedes mejorar tu gestión del tiempo.

30
Planifícalo todo: tu **día**, tu **semana** y tu mes

Tener por escrito y bien organizado todo lo que queremos hacer nos ayuda a ahorrar mucho tiempo y también muchos quebraderos de cabeza.

La clave es apuntarlo ¡todo!

- **Programación diaria.** Puedes dedicar unos minutos cada noche o por la mañana, justo cuando comience tu día, a organizar todas tus tareas. Luego puedes ir tachando a lo largo del día las actividades conforme las vayas haciendo.
- **Programación semanal.** Un día a la semana, puedes reservar un ratito para organizar detalladamente tu próxima semana. A muchas personas les gusta hacer esto el domingo por la tarde para planificar sus tareas a partir del lunes y levantarse ya con orden al día siguiente, pero puedes hacerlo el día que te venga bien y creas que es mejor para ti.
- **Programación mensual.** Ver todos los días del próximo mes nos permite apuntar los compromisos que ya tenemos agendados para no olvidarnos de ellos y nos ayuda a pensar en cómo vamos a ir organizando nuestras tareas para alcanzar esos objetivos que tenemos a largo plazo.

PROGRAMACIÓN MENSUAL

L	M	X	J	V	S	D
			1	2	3	4
5	6	7	8	9	10	11
12	13	14	15	16	17	18
19	20	21	22	23	24	25
26	27	28	29	30	31	

MES : OCTUBRE

nacidramática

Planificar no significa llenar cada uno de tus minutos de tareas, sino distribuir tu tiempo estratégicamente para aprovecharlo bien sin tener que renunciar al descanso ni a tus aficiones y encuentros sociales.

Cuando finalice tu día, dedícale un ratito a comprobar qué tal ha ido. Haz esto también una vez a la semana e incluso una vez al mes con el fin de ver si estás organizándote mejor y cumpliendo con lo propuesto. Coge tus planificaciones diarias y semanales y responde a las siguientes preguntas:

- ¿Has podido cumplir con lo planeado?
- ¿Cuántas tareas de las escritas en tu planificación has podido completar?
- ¿Hay alguna que no hayas hecho? ¿Por qué?
- ¿Consideras que estás utilizando bien tu tiempo para conseguir tus objetivos?
- Valora del 1 al 10: ¿cuál es tu grado de satisfacción con lo que has logrado hacer?

- ¿Ha surgido algún imprevisto? En ese caso, ¿podías haberlos previsto o han sido realmente inesperados? ¿Puedes poner freno o limitar esos imprevistos?
- ¿Estás renunciando a algo por cumplir con todo lo propuesto?
- ¿Crees que te has organizado de forma realista? ¿Sueles acertar con los tiempos que le asignas a cada actividad?
- ¿Has detectado algo que frene tu productividad y que haga que gestiones peor tu tiempo?

Dedicar ratitos a ver lo que ha estado pasando con lo que te habías propuesto es muy importante. Te permitirá ver si tu plan está funcionando, si estás siendo demasiado exigente contigo mismo, si hay distracciones o interrupciones que afectan a tu rendimiento de forma habitual y si tu plan deseado es bueno para ti o, en cambio, es mejor modificarlo.

Gestionar bien tu tiempo te **ayudará** a aprovechar mejor cada minuto, a sentirte **menos** estresado porque puedes llegar mejor a todo y a poder dedicar tiempo a tus **aficiones, seres queridos y al descanso.**

LA
procrastinación

Si estás leyendo esto, es posible que estés en un momento de tu vida en el que te hayas dado cuenta de que posponer las tareas que requieren de tu tiempo y atención y que, además, son prioritarias te está provocando problemas o te los ha provocado en algún momento.

Puede que tu puesto de trabajo esté en peligro por culpa de hacer todo a última hora. A lo mejor te sientes incompetente porque no avanzas a nivel profesional y personal debido a este mal hábito.

Hay miles de motivos y miles de tareas importantes que tal vez estés posponiendo.

¿Qué es la procrastinación?

La procrastinación se entiende como la decisión que se toma de aplazar, posponer, retrasar o no completar una tarea o responsabilidad a la que íbamos a dedicar tiempo y con la que teníamos un compromiso. En su lugar, nos dedicamos a otras cosas menos importantes o que no son tan urgentes, aun sabiendo que no llevar a cabo las tareas que «tenemos que hacer» tendrá consecuencias negativas para nosotros. **La procrastinación es realmente problemática porque tiene graves consecuencias.** Puede que por culpa de procrastinar cada vez tengas menos tiempo para hacer tareas largas que son importantes para ti y para lograr tus objetivos.

En el primer capítulo hablábamos de hábitos, y la procrastinación podría llegar a ser uno de ellos, pues se puede convertir en nuestra forma habitual de responder a algunas tareas o situaciones que nos generan malestar; además, al ser un hábito, respondemos de forma inconsciente porque lo tenemos interiorizado. Para hacerle frente a esta problemática hay que introducir cambios poco a poco y de forma constante.

¿Por qué procrastinamos?

Las tareas que procrastinamos nos incomodan, nos aburren, nos enfadan, nos frustran, nos agobian o nos hacen pensar demasiado. Procrastinamos para alejarnos de esta incomodidad que nos provocan al momento, aunque sepamos que después no vamos a sentirnos orgullosos de haberlo hecho. Como procrastinar nos trae beneficios (evitamos aquello que nos incomoda o nos hace aflorar emociones desagradables), es probable que la próxima vez que nos sintamos así caigamos de nuevo en ella.

Por otro lado, hay factores que suelen afectar a nuestra conducta y a las decisiones que tomamos, y que nos pueden llevar a procrastinar:

- **Querer tenerlo todo bajo control.** La procrastinación se puede dar cuando una tarea no depende totalmente de ti y que, por tanto, no puedes controlar del todo, ya sea porque no quieres hacerla, porque debes contar con otras personas o porque se te ha impuesto. Si alguna vez te has sentido así, es posible que hayas tenido pensamientos como estos: «Si quiero que las cosas salgan bien, se tienen que hacer como yo digo», «Debo hacer solo las cosas que quiero hacer realmente» o «Tengo que controlarlo todo». Utilizar la procrastinación en este caso les puede servir para sentir que de nuevo tienen el control de la situación (aunque sea por no hacer esa actividad) o como forma de aliviar esa rabia o sentimiento de debilidad.
- **Buscar el placer inmediato.** Si toleras poco el aburrimiento o la frustración y piensas cosas como: «Solo se vive una vez», «No merece la pena hacer cosas aburri-

das o complicadas» o «De qué sirve calentarse la cabeza si nos vamos a morir», es posible que tengas tendencia a procrastinar. Sueles necesitar de forma constante la gratificación inmediata y te cuesta ver que el esfuerzo que hagas ahora podría provocar beneficios con el tiempo. La procrastinación es tu manera de escapar de la frustración y el aburrimiento.

- **No querer enfrentarte a dificultades.** Puede ser que a veces te sientas incapaz de cumplir con tus tareas y objetivos cuando debes hacerle frente a situaciones complicadas, y a lo mejor procrastinar hace que creas que, si te tomas un día, un rato o un momento para no exigirte más, poco a poco todo irá poniéndose en orden con pensamientos como estos: «No tengo fuerzas para hacer cosas hoy» o «Cuando me siento así es mejor no hacer nada».
- **Ser perfeccionista y tener miedo al fracaso o al rechazo.** La procrastinación está muchas veces relacionada con el perfeccionismo. Las personas perfeccionistas se exigen mucho y tienen, en mayor o menor medida, miedo a no dar la talla y al fracaso y el rechazo consecuente. Cuando el perfeccionismo te invade, seguro que dedicas mucho tiempo a intentar que una tarea quede perfecta y te cuesta mucho darla por terminada. ¿Cuántas veces has revisado obsesivamente un trabajo antes de entregarlo porque «seguro que puede estar mejor»? Esta revisión infinita tal vez provoca que te centres tan-

to en esa tarea que dejes otras que también son importantes de lado.

- **Tener miedo a lo desconocido o a que las cosas salgan mal.** Hay personas que tienen mucho miedo a lo desconocido. A veces puedes llegar a procrastinar una actividad por miedo a que pase algo malo. Normalmente son tareas que te hacen sentir incertidumbre: cuando hay que tomar decisiones y no se sabe qué ocurrirá, cuando hay que tener una conversación importante con alguien que puede provocar una reacción inesperada o ante revisiones de salud, entre otras.
- **No confiar lo suficiente en nosotros mismos.** La procrastinación también es típica de aquellas personas que no se sienten bien consigo mismas y que dudan de su capacidad para afrontar determinadas situaciones. Para este tipo de perfiles, los nuevos retos suponen una fuente significativa de malestar: que se le asigne un nuevo proyecto, hacer algo por primera vez, tener que responder a nuevas responsabilidades o presentar alguna queja son algunos ejemplos. La procrastinación es útil en estos casos para no enfrentarse a aquello de lo que no se sienten capaces.

Otras razones para procrastinar también pueden ser sentirse muy abrumados por llevar una carga excesiva de trabajo, tener un **bajo nivel de motivación** o tener una **alta cantidad de distracciones** que no ayudan a la concentración.

¿Qué consecuencias tiene procrastinar?

La procrastinación tiene consecuencias, a veces positivas, que son las responsables de que se mantenga en el tiempo.

Consecuencias positivas

- **Alivio temporal del malestar.** Cuando procrastinamos, solemos alejarnos de la incomodidad que nos genera llevar a cabo una actividad abrumadora, incómoda, larga, difícil o aburrida, y posponemos sentirnos mal.
- **Mantenimiento de creencias limitantes.** Cuando procrastinamos, podemos sentirnos mejor al haber seguido nuestras ideas y creencias, aunque estas no sean beneficiosas para la situación a la que nos enfrentamos.

Consecuencias negativas

- **Incremento del malestar emocional a largo plazo.** Aunque a corto plazo procrastinar pueda aliviar el malestar al no tener que enfrentarnos a esa tarea no deseada, a largo plazo tiene consecuencias negativas. Es frecuente que, cuanto más procrastinemos, más culpa, ansiedad, vergüenza y preocupación sintamos.
- **Aumento de la autocrítica.** Somos conscientes de que no lo estamos haciendo bien, lo que puede provocar que nos hablemos muy mal y nos castiguemos. Cuanto peor nos hablemos y más nos critiquemos, menos motivación tendremos para hacer las tareas y menos capa-

ces nos sentiremos, lo que hará que sea más probable que sigamos procrastinando.

- **Incremento de la exigencia de la tarea.** Cuando posponemos las tareas, la carga a la que tenemos que responder es cada vez mayor; además, estas tareas se vuelven más pesadas o más exigentes y tenemos menos tiempo para terminarlas. Si posponemos empezar a prepararnos un examen para dentro de unas semanas, el tiempo del que disponemos para hacerlo es cada vez menor. Como la tarea se ha vuelto más abrumadora y menos apetecible, queremos evitarla procrastinando.
- **Pérdidas o sanciones.** Cuando dejamos pasar el tiempo y no respondemos a nuestras obligaciones o requerimientos, podemos llegar a tener grandes pérdidas o recibir castigos por parte del resto. Por ejemplo: perder a personas, trabajos u oportunidades; generar conflictos por no cumplir compromisos personales o laborales; tener consecuencias en nuestra salud por no haber prestado atención antes a las revisiones o suspender o dejar pasar plazos importantes.
- **Perpetuación de ideas y creencias limitantes.** Hemos visto que hay diferentes creencias e ideas que provocan que procrastinemos. Si confiamos poco en nosotros mismos y por eso no nos exponemos a probar, no veremos que somos más capaces de lo que creemos o que, si realmente se nos da mal, esto no deja de ser una limitación que tenemos, entre todas las virtudes.

Herramientas para dejar de procrastinar

31

¿Qué tareas **procrastinas**? ¿Por qué?

El primer paso para dejar de procrastinar es descubrir cuáles son las tareas que pospones, y para ello es necesario que te observes durante los próximos días. Cada vez que pospongas algo que sabes que es importante para ti y lo sustituyas por dedicar tiempo a otras tareas que no son tan esenciales, deja por escrito en una libreta la actividad que has decidido posponer.

Estos son algunos ejemplos:

- Avanzar mi trabajo de fin de grado
- Limpiar la habitación
- Atender en clase
- Leer bien el contrato
- Buscar un asesor que me ayude con mis finanzas
- Tener una conversación incómoda

Cuando ya tengas tus tareas apuntadas, es momento de pensar por qué las pospones. **Es fácil identificar las desventajas de posponer una actividad, pero también es necesario que trates de descubrir los beneficios.** ¿Qué emociones o pensamientos tratas de evitar cuando procrastinas?

32
¿Qué **haces** cuando procrastinas?

Cuando procrastinamos solemos sustituir las actividades importantes a las que tenemos que dedicar tiempo por otras que en ese momento no son prioritarias. Te propongo que hagas una lista de tus actividades de procrastinación, aquellas que haces para evitar las prioritarias, porque es importante ser consciente de cuáles son las cosas que te suelen distraer.

Estos son algunos ejemplos:

- Jugar a juegos de ordenador
- Hacer deporte
- Hablar por chat o por teléfono
- Fumar
- Reflexionar sobre el paso del tiempo
- Realizar tareas artesanales
- Revisar las noticias

Puede que sean tareas que disfrutes, que sean más sencillas o que no sean tan importantes en ese momento. **Que las identifiques como tus actividades de procrastinación no significa que tengas que dejar de hacer esas tareas ni que estas sean malas para ti.** Las actividades como tal no son el problema, el problema es el momento en el que recurres a ellas. Hazte la siguiente pregunta: «¿Hago esta actividad para procrastinar otra tarea?».

33

Pon a prueba las **creencias** limitantes que te llevan a procrastinar

Como bien sabemos, nuestros pensamientos afectan a nuestra conducta. Por eso, poner a prueba nuestras creencias es lo primero que tenemos que hacer si queremos empezar a ver cambios en ella. ¿Cómo?

- **Identificando mis creencias limitantes.** Debo encontrar en mi discurso interno lo que me suelo decir antes de empezar a hacer una tarea que después tiendo a procrastinar.
- **Analizando de dónde proceden estas creencias.** Echando la vista atrás soy capaz de revisar los comentarios que me han hecho en el pasado, las cosas que he aprendido o visto de otros. Puedo tratar de recordar experiencias pasadas que me han ayudado a creer lo que

creo o comportamientos de personas que han influido en mi opinión.

- **¿Es válido lo que pienso?** Debo reflexionar sobre si estas creencias son realistas, justas y útiles actualmente, y exponer los motivos por los que opino que una creencia puede ser irracional e injusta para mí.
- **¿Qué consecuencias negativas tienen mis creencias?** Procrastinar tiene consecuencias negativas. Es momento de hacer un recuento de todo lo malo que me trae tener esas creencias negativas que me llevan a procrastinar.
- **¿Es posible sustituir esta creencia? ¿Cuál podría ser una creencia más adaptativa para mí?** Trataré de encontrar otras formas de pensar que sean más justas y racionales para mí.
- **¿Qué puedo hacer en mi día a día para poner en práctica esta nueva creencia?** Primero pensaré en cómo voy a ir poniendo en práctica este nuevo pensamiento y observaré cómo va influyendo en mí. Se trata de reflexionar sobre cómo actuaría en el día a día si tuviera interiorizada esa creencia. Al actuar como si algo fuera ya real, es más sencillo que empecemos a creerlo.

Ejemplo: «Tengo miedo a no hacerlo suficientemente bien».

- **Creencia limitante:** «Si no me sale perfecto prefiero incluso no hacerlo».
- **¿De dónde procede esta creencia?** «Mis padres únicamente me alaban cuando hago las cosas perfectas,

tengo interiorizado desde siempre que fallar es ser un fracasado y he tenido malas experiencias cuando algo no me ha salido tan bien como me hubiera gustado».

- **¿Esta creencia es racional, útil y realista?** Ser el mejor siempre es prácticamente imposible. Hay cosas que no se me van a dar bien, o al menos no voy a ser capaz de ejecutarlas a la perfección.
- **¿Qué consecuencias negativas conlleva tener esta creencia?** Como pienso que las cosas no van a salir perfectas, no me expongo a muchas experiencias o retos. Estoy llegando incluso a perder oportunidades que se me ofrecen al no intentarlo por miedo a no hacerlo del todo bien.
- **¿Hay otra forma de pensar que me pudiese ayudar?** Puedo probar con las siguientes ideas: «Que las cosas no salgan perfectas no significa que el resultado sea directamente malo», «La gente no está tan pendiente de cada fallo del resto y, por tanto, tampoco de los míos », «Hecho, mejor que perfecto».
- **¿Cómo puedo empezar a poner mis nuevas creencias en práctica?** Empezando por hacer actividades que sé que no me van a salir perfectas porque me falta experiencia y aceptando y transitando esas emociones que me producen. También puedo pedir a otras personas que me digan cómo mejorar en algún aspecto para exponerme a críticas constructivas y conseguir así que cada vez me afecten menos.

34

Haz primero un **poco** y piensa si puedes continuar

Esta herramienta consiste en comprometerse a llevar a cabo la tarea propuesta durante un intervalo corto de tiempo. Por ejemplo, si deseas valorar ideas para el regalo de tu mejor amiga, empieza por hacerlo durante diez minutos. Cuando se acabe ese tiempo, puedes valorar si te sientes capaz de seguir haciéndola otros diez minutos más. Una vez que hayas comenzado (que es lo que más cuesta) cogerás carrerilla y será más probable que no abandones y dediques más tiempo del planeado en un principio.

35

Hazte una cajita de **premios**

Elige una caja que te guste. A continuación, piensa en actividades que disfrutes o en premios que puedas permitirte.

Ejemplos de cosas materiales que puedes meter en tu cajita:

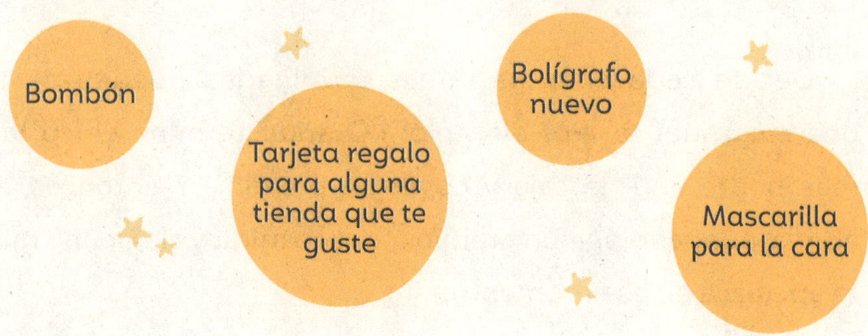

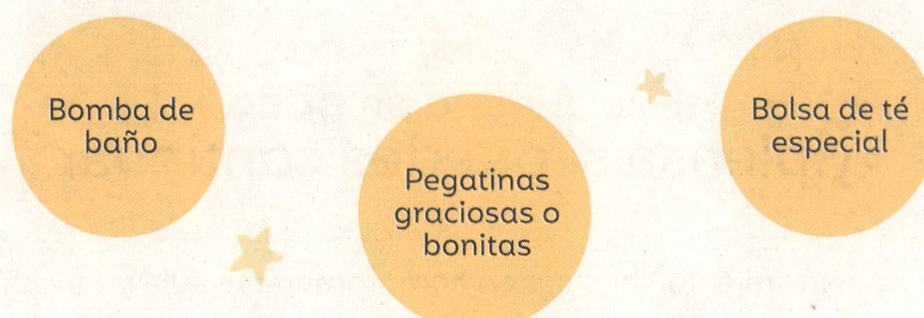

Ejemplos de premios no materiales que puedes meter en tu cajita (los puedes escribir en un papel):

Decide cada cuántas tareas terminadas puedes darte una recompensa. Por ejemplo: «Cuando termine cinco tareas podré abrir la caja y coger un premio». Y entonces, al abrirla, puedes elegir un premio al azar o mirar y elegir uno que te apetezca en ese momento.

Cuando lleves un tiempo utilizando la caja, puedes hacerte estas preguntas:

- ¿Crees que ha ayudado a reducir la procrastinación? ¿Te sientes más motivado o motivada desde que utilizas esta caja?
- ¿Consideras que te estás recompensando lo suficiente? ¿Las recompensas de tu cajita te motivan de verdad?
- ¿Prefieres elegir la recompensa cuando abres la cajita o aumentar la intriga contando con el factor sorpresa de no saber cuál será el premio?

Gracias a la cajita de premios, reducirás tu tendencia a procrastinar al sentirte incentivado cuando completes tus tareas pendientes.

36

¿Cuáles son tus **excusas** más frecuentes cuando procrastinas?

Te propongo recopilar las excusas que más usas justo antes de procrastinar. Fíjate bien en las frases que te dices a ti mismo: con ellas estás tratando de justificar la procrastinación y tratando de convencerte de que tienes razones para hacerlo.

Por ejemplo:

- Tengo mucho tiempo, puedo hacerlo más tarde u otro día.
- En realidad no es tan importante, lo haré en otro momento.
- Seguro que mañana me sentiré con más fuerzas para hacerlo.
- En este momento no tengo inspiración, mejor que lo haga cuando sí la tenga.
- Ahora ya es muy tarde para ponerme a avanzar.
- No tengo fuerzas ahora, estoy muy cansada.
- Trabajo bastante mejor bajo presión, aún queda mucho tiempo.
- Con el buen día que hace no me apetece ponerme a hacer esto.
- Prefiero dedicarme a ello un día que tenga más tiempo.

Este tipo de pensamientos son las excusas que nos llevan a procrastinar. Además, suelen ir acompañados de la idea de que mañana u otro momento será mucho mejor para ponernos manos a la obra, aunque en el fondo sepamos que el momento perfecto no existe. Esas excusas no son en realidad útiles **para nosotros, ya que no tienen en cuenta que, seguramente, si empezáramos a hacer la tarea en ese momento, sería cada vez más sencillo avanzar e incluso se volvería menos aversiva**. Por lo tanto, es necesario detectar tus excusas más frecuentes y modificarlas por otras conclusiones más útiles:

- ¿De verdad hay motivos por los que es mejor no hacer esta tarea ahora?
- ¿En qué me ayudaría empezar y no posponerlo?
- ¿Aplazar la tarea es la mejor decisión pensando en el futuro?
- ¿Hay algo que pueda avanzar ahora de mi tarea?
- ¿Es realmente cierto que mañana u otro momento será mejor para empezar?
- ¿Qué pasaría si comenzase ahora y tratase de avanzar, aunque fuese un poco? ¿Cómo me sentiría? ¿Y cómo me sentiría si lo aplazo?

Por otro lado, es frecuente que nuestras excusas tengan una parte verídica que nos hace creer que es suficiente motivo para procrastinar; también es importante detectar esta parte.

LO QUE ES VERDAD	LA EXCUSA POCO ÚTIL	LA RESPUESTA MÁS ÚTIL A LA EXCUSA
Se me ha hecho tarde.	Ahora ya es muy tarde para ponerme a avanzar.	No tengo que hacerlo todo ya, puedo avanzar un poco.
Estoy muy cansada.	No tengo fuerzas ahora, estoy agotada.	Puedo tratar de hacer un poquito ahora y ya después descansar.
Tengo bastante tiempo para hacerlo.	Tengo tiempo, puedo hacerlo en otro momento.	Empezar ahora puede ayudarme a no agobiarme luego.
Hace buen tiempo.	Con este día tan estupendo no me apetece ponerme a hacer esto.	Seguro que hay otros días en los que hace buen tiempo y puedo disfrutar después de haber terminado lo que tenía pendiente.

Gracias a esta herramienta detectarás cuáles son las excusas que más utilizas. Así, cuando las pienses tendrás una conclusión mucho más útil ya preparada para ti que te invitará a hacer y no a procrastinar.

37
Averigua cuándo y dónde eres más productivo

Nuestro nivel de productividad no es igual en todos los momentos del día ni en todos los lugares. El objetivo de esta herramienta es que puedas encontrar un patrón en el que identifiques cuándo y dónde te cuesta menos concentrarte, tienes más energía o aumenta tu creatividad. **Puede que descubras que te concentras más en las primeras horas de la mañana, antes de comer, después de comer, por la tarde o por la noche; quién sabe.** O, en cambio, a lo mejor te das cuenta de que eres más productivo fuera de casa, o en la mesa más que en el sofá. Si consigues sacar conclusiones, podrás hacer unas tareas a unas horas y en unos lugares determinados, y otras a distintas horas y lugares, según tu productividad en cada una de las situaciones.

Para llevar a cabo este ejercicio te propongo que tomes fotos durante unos días o semanas cuando sientas que estás siendo productivo. **De esta forma, identificarás los momentos en los que eres más eficaz.** La foto puede ser de ti, de la actividad que estás haciendo, del lugar en el que estés o de cualquier cosa que te haga recordar lo que hacías y dónde lo hacías. Cada vez que captures un momento, anota la hora que es y dónde estás, y haz una descripción de la tarea que estás llevando a cabo. Si puedes y te apetece, escribe un poco sobre cómo te sientes en ese momento. Guarda todas esas fotos en un álbum juntas.

Cuando lleves unos días o semanas haciendo esto, revisa las fotos que has tomado y las notas que has escrito en ese tiempo y busca patrones de horarios o tareas que coincidan con altos niveles de rendimiento. Descubre si hay algunos lugares, herramientas o tareas que influyan de forma positiva en tu productividad. Utiliza la información que saques de esta herramienta para empezar a organizar de otra forma tu tiempo, asignando las tareas que requieren de mayor nivel de concentración a los momentos en los que has descubierto que tu productividad aumenta.

38

Firma un contrato **contigo** mismo y con otra persona

Si quieres empezar a reducir la procrastinación, necesitas comprometerte de verdad. ¿Cómo? **Firmando un contrato contigo mismo.** Primero, elige un objetivo realista con el que realmente quieras comprometerte. Después, detalla cuál es el plan que vas a seguir para lograrlo, establece plazos y lo que necesitas para conseguirlo. Destaca cuáles son las dificultades o distracciones que pueden aparecer mientras tratas de lograr lo que te has propuesto y qué estrategias vas a utilizar para mantenerte enfocado en ese objetivo cuando estas aparezcan.

Además, elige cuál será la consecuencia negativa de no cumplir con lo descrito: **puede ser una penalización directa o la pérdida de algo que quieras o disfrutes.** Si lo deseas, y para que haya un mayor compromiso por tu parte, involucra a otra persona. Puedes compartir este contrato con alguien de confianza para que te apoye cuando tengas momentos difíciles o de baja motivación, y necesites que te recuerden por qué redactaste este contrato y por qué empezaste.

Yo, Ana, a 22 de enero de 2024, me comprometo a hacer deporte cuatro días a la semana. Para ello, voy a comenzar yendo a clases colectivas las primeras semanas para no tratar de pasar de 0 a 100 de repente y motivarme al hacerlo con más gente. Cuando ya tenga este plan instaurado en mi rutina, empezaré a ir a correr un día a la semana, otros dos iré al gimnasio y el día restante haré pilates. Mi intención es bajar cinco kilos de forma saludable en los próximos seis meses, por lo que el 22 de junio revisaré mi peso. El objetivo es perder aproximadamente un kilo al mes, tal y como me ha recomendado mi nutricionista. Algunos obstáculos que pueden aparecer en este periodo pueden ser estos: no tener ganas de hacer deporte, abusar de comer fuera de casa y no comer tan sano, notarme sin energía o no sentirme capaz. Para lidiar con estos obstáculos, trataré de conectar con los motivos que me hicieron empezar con este objetivo y de recordar por qué es importante esto para mí; leeré este contrato, hablaré con personas que me inspiran e intentaré recordar lo bien que me siento cuando cumplo con mis entrenamientos.

Me comprometo a hacer lo descrito anteriormente para conseguir mi objetivo. Dejar de procrastinar no es fácil, porque recurro a ello de forma habitual para no enfrentarme a hacer deporte, ya que me parece una tarea abrumadora. Como esto es realmente importante para mí he decidido establecer una consecuencia en caso de no cumplir con mis palabras: voy a dar 300 euros a mi madre y solo tendré acceso *a ellos de nuevo en caso de que el 22 de junio haya cumplido con mi propósito, al menos el 90 por ciento de las semanas.*

Comparto este contrato con mi nutricionista, que será la persona que me apoyará y me ayudará a cumplir con mi plan durante estos meses, dado que la veré de forma frecuente.

Mi firma:

La firma de mi nutricionista:

Puedes imprimir y colocar este contrato en un lugar visible de tu habitación o de tu casa. Este papel es una forma de darle entidad a tus objetivos y de aumentar tu motivación y responsabilidad para luchar contra la procrastinación.

39
Tiempo **limitado**

En ocasiones programamos nuestras tareas sin poner un tope de tiempo. Esta estrategia consiste en poner un tiempo límite, donde no puedas hacer más, aunque pienses que es posible. **Es frecuente que seamos más productivos cuando vemos que se nos acaba el tiempo.** La idea es que pongas tiempo limitado a tus tareas, por ejemplo: «Tengo solo treinta minutos para organizar el Excel de mis finanzas». Puede que seas mucho más productivo o productiva al saber que se te acaba el tiempo y que dentro de poco ya no podrás hacer más de esa tarea, aunque quieras.

40
Dos y dos: obstáculos y **beneficios**

Antes de empezar las acciones que te llevan a conseguir tus objetivos es importante que pienses en qué obstáculos aparecerán cuando estés manos a la obra, pero también en los beneficios que te traerá cumplir con tus metas. Escribir en un papel los obstáculos y beneficios de hacer esa tarea provocará que seas consciente de lo que viene: tanto lo positivo como lo negativo.

Ejemplo: «Aprender más sobre anorexia».

Beneficios

- Sabré mucho más sobre este trastorno, lo que provocará que sienta mayor confianza en mí misma cuando tenga consultas de mis pacientes o cuando otros me pregunten algo sobre ese trastorno de la conducta alimentaria.
- Sentiré que estoy aprovechando el tiempo y avanzando en mi profesión.

Obstáculos

- Aprender sobre un tema complejo como es la anorexia puede hacer que me sature y me aburra en bastantes ocasiones.
- Va a haber momentos y situaciones en los que tendré que renunciar a planes divertidos y será útil preguntarme qué necesidad tengo de hacerlo y por qué me complico tanto la vida.

Valorar los obstáculos y los beneficios y aun así tomar la decisión de mantenerte firme en tratar de cumplir con lo propuesto hará que sea más sencillo que no tires la toalla.

La **procrastinación** nos da felicidad a corto plazo, pero alejarnos de las tareas que requieren de nuestra atención y tiempo no nos hará más felices. Las **tareas** que más procrastinamos son aquellas de las que nos **sentimos más orgullosos de terminar.**

APRENDER MÁS y mejor

Pasamos gran parte de nuestra vida aprendiendo, ya sea en el colegio, instituto o universidad, y también en el trabajo o en nuestro tiempo libre. Básicamente, el aprendizaje nos acompaña a lo largo de toda nuestra vida.

Podemos definir «aprendizaje» como el proceso mediante el cual tratamos de incorporar conocimientos nuevos a nuestro intelecto. Es un proceso por el que navegamos para aprender y adquirir conocimientos, destrezas y habilidades que nos sean útiles en la vida.

En muchas ocasiones nos frustramos porque sentimos que todo el tiempo que hemos invertido en el estudio no nos ha cundido lo suficiente y, cuando revisamos lo que hemos aprendido en las últimas horas, días o meses, nos da la sensación de que es poco. Esto puede deberse a varios motivos, entre ellos, no saber estudiar de manera eficaz, no tener ambición o interés, o a la tendencia natural de nuestro cerebro a olvidar lo que no consolidamos bien.

Seguro que te ha pasado esto alguna vez: te sientas frente a tus apuntes, empiezas a leer y, después de minutos u horas de esfuerzo, no recuerdas prácticamente nada; parece que lo que has aprendido hasta entonces se ha esfumado. O te preguntan algo que sabes que en algún momento aprendiste, pero no lo recuerdas. Esto frustra... ¡Y mucho!

No te preocupes. ¡Eso le ha pasado a todo el mundo! **Nuestro cerebro está diseñado para optimizar los recursos, y almacenar nuevos conocimientos requiere de mucha energía.** Por eso, si no repasamos y consolidamos lo aprendido, nuestro cerebro termina considerándolo innecesario y olvidándolo.

Olvidar forma parte del aprendizaje: lo que no usamos desaparece. La memoria es como un músculo y necesita ejercitarse. Si no reforzamos la información almacenada con estrategias efectivas, se acabará perdiendo con el paso del tiempo. Ahora bien, quiero decirte algo importante: **lo que no recuerdas pero en su momento integraste bien en tu memoria no ha desaparecido.** Sigue ahí, aunque no puedas acceder a ello. Si en algún momento vuelves a repasar esa información, no la aprenderás como si fuera nueva, sino que la reactivarás, porque tu cerebro ya la había almacenado antes.

La clave para ser eficaces estudiando o aprendiendo no es pasar horas y horas frente a nuestros apuntes, sino más bien tratar de entender cómo funciona nuestra memoria y aprendizaje, aplicar métodos eficaces que nos ayuden a organizar nuestro estudio y almacenar bien la información en la memoria a largo plazo. **Sin una buena estrategia, el estudio puede volverse muy agotador y sentiremos que no avanzamos lo suficiente para todas las horas que le dedicamos.**

¿Cómo funciona la memoria?

Si queremos aprender algo nuevo y poder contar con ello en el futuro, necesitamos que la información se almacene en nuestra memoria a largo plazo. Sin embargo, antes de consolidarse, pasa por distintos tipos de memoria. Entender cómo funciona este proceso nos ayuda a comprender por qué olvidamos lo que no repasamos y a descubrir cómo podemos retener mejor la información.

Las personas contamos con tres tipos de memoria:

- **Memoria sensorial.** Es la primera puerta de entrada de la información. Se encarga de registrar los estímulos sensoriales tal y como los percibimos: los sonidos con su determinada intensidad, las imágenes con sus colores, brillo o tamaño correctos, las superficies con sus texturas correspondientes, etc. Sin embargo, si no prestamos atención a esos estímulos, desaparecen en milisegundos.

- **Memoria a corto plazo.** Se procesa la información, pero cuenta con capacidad limitada: solo retiene unas siete unidades de información a la vez. Si no organizamos estos datos, se desvanecen en cuestión de segundos. Esta memoria es delicada y puede verse interrumpida por información nueva. Aun así, es clave porque actúa como puerta de entrada a la memoria a largo plazo.
- **Memoria a largo plazo.** Es la que almacena información durante mucho tiempo, incluso de por vida. Los datos se codifican semánticamente; es decir, recordamos los conceptos más que los detalles exactos. Para que los conocimientos lleguen y se mantengan aquí, es importante la repetición y utilizar estrategias de estudio efectivas.

Hay tres fases importantes de la memoria:

- **Codificación.** En esta fase el cerebro registra la información y le otorga significado. Factores como la motivación, atención, organización y repetición influyen en lo bien que se codifica un dato.
- **Almacenamiento.** Una vez que la información ya está codificada, se retiene en nuestro cerebro para poder acceder a ella en el futuro.
- **Recuperación.** Es el proceso que nos permite traer de vuelta la información que hemos almacenado cuando la necesitamos. La calidad de la recuperación depende de cómo se hayan codificado los datos y de si hemos reforzado el aprendizaje.

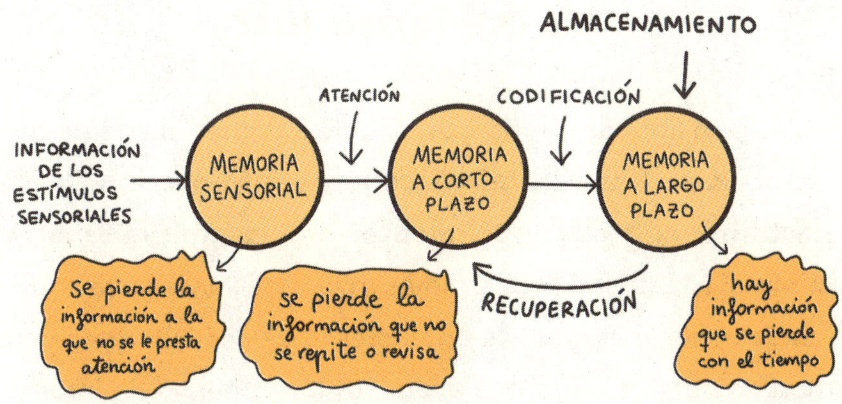

¿Cómo podemos aprender de una manera más efectiva? Para integrar un aprendizaje de forma productiva tenemos que utilizar técnicas que nos ayuden a codificar, almacenar y recuperar la información de manera eficiente. Estas son:

- **Repetición.** Para aprender con más facilidad podemos volver a exponer nuestra memoria a la información aprendida para reforzarla.
- **Organización.** Para retener durante más tiempo los conocimientos aprendidos y facilitar su almacenamiento, es posible agrupar la información en distintas categorías o esquemas.
- **Significación.** Para recuperar la información de forma más eficaz, podemos relacionarla con conocimientos previos para darle sentido y que sea más sencillo recordarla.

¿Cómo funciona el recuerdo de la información?

No solo se trata de memorizar, sino de facilitar el recuerdo de lo memorizado. **Cuando almacenamos información, la conectamos con los conocimientos previos que ya tenemos como si fuese una red.** Cuantas más conexiones haya entre el nuevo conocimiento y los anteriores, más activadores de memoria tendremos que nos ayudarán a recuperar esa información cuando la necesitemos, reduciendo así la probabilidad de olvido. Para integrar nuevos elementos en nuestra memoria, no sirve con hacerlo solo de forma aislada, sino que es importante y muy útil relacionar lo que tratamos de aprender con otros conceptos que nos ayuden a fortalecer su recuerdo. Estos actúan como caminos para llegar a nuestro conocimiento almacenado.

Podríamos clasificar el recuerdo de información en dos tipos: el recuerdo pasivo y el recuerdo activo.

- El **recuerdo pasivo** es aquel en el que nos limitamos a leer una información de nuevo sin tratar de recordar de forma activa lo que hemos aprendido previamente, esperando retenerla por arte de magia.
- En cambio, el **recuerdo activo** trata de repasar los conocimientos desafiándonos a recordar antes de volver a leer los apuntes, poniéndonos a prueba con preguntas y tratando de recordar. El recuerdo activo hace que sea más probable que el aprendizaje se fije en la memoria a largo plazo y previene que se olvide fácilmente la información.

Estamos muy acostumbrados al recuerdo pasivo cuando estudiamos, pero debemos intentar que no sea así, ya que usando el recuerdo activo será más fácil almacenar la información en nuestra memoria a largo plazo.

Hay muchas herramientas valiosas que pueden ayudarnos a aprender y estudiar mejor, en menos tiempo y con mejores resultados.

Aplícalas en tus estudios, en la preparación de exámenes u oposiciones, al aprender una lengua nueva o para prepararte para un nuevo puesto de trabajo.

Herramientas para aprender mejor

41 ¿Qué, cuándo y cómo? **Planifica** tu estudio antes de empezar

Para conseguir los resultados que deseamos, necesitamos planificarnos bien; así evitaremos agobios futuros. Esto te ayudará a no malgastar tiempo estudiando más de lo necesario, te permitirá concentrarte, te facilitará crear el hábito de estudio y podrás cumplir con tu objetivo utilizando el tiempo justo que quieres dedicarle.

Para poder empezar a optimizar tu tiempo de estudio, es importante tener un diálogo contigo mismo y preguntarte una serie de cuestiones que te ayuden a analizar tu situación y a planificar tus objetivos.

Preguntas clave antes de empezar:

- ¿Qué tengo que estudiar? ¿Qué tareas he de hacer?
- ¿De cuánto tiempo dispongo para hacerlo?

La cuestión no es pasar horas y horas delante de nuestros apuntes sin un objetivo claro, sino que debemos analizar bien lo que necesitamos. Cuando ya tengas el qué y el tiempo que le quieres dedicar, las preguntas que te debes hacer son:

- ¿Qué partes me resultan más difíciles?
- ¿Hay alguna entrega que requiera de mi atención inmediata?
- ¿Tengo exámenes próximos?
- ¿Existe algo urgente que tenga que hacer?

Las respuestas te permitirán diseñar un horario de estudio realista adaptado a ti. Para conseguir lo que nos proponemos es necesario considerar el estudio como una prioridad e interiorizar que cumplir con lo propuesto es importante para nuestro futuro. Por tanto, pregúntate esto: **¿por qué es importante para ti cumplir con tu horario? ¿Qué cosas positivas te traerá hacerlo?**

Una vez que hayas interiorizado el compromiso que has de tener, elabora un horario semanal especificando a qué vas a dedicar cada día y de cuánto tiempo de estudio dispones, teniendo en cuenta todas las conclusiones a las que has llegado gracias a las preguntas anteriores. Trata de organizar tu tiempo de forma que evites periodos estresantes y no dejes todo para última hora.

Cada persona rinde mejor en unos momentos del día. **Fíjate bien en tu rendimiento cuando estudias y organiza tu horario para aprovechar las horas de mayor concentración.** Recuerda que para crear un hábito de estudio es recomendable que mantengas un horario fijo, dentro de lo posible.

42

Tu lugar de estudio: la **clave** para conseguir concentrarte

A parte de tener claros tus objetivos y tener un horario semanal con todas tus horas de estudio organizadas, debes disponer de un lugar de estudio fijo, o lo más fijo posible. Este lugar debe reunir ciertas características para contribuir a tu concentración y así optimizar el tiempo que le dedicas a estudiar o a hacer tareas académicas.

En primer lugar, debes escoger el sitio donde vas a estudiar. Puede ser en tu casa o en otro lugar, como la biblioteca.

Si quieres estudiar en tu casa, elige una habitación que sea tranquila y cómoda. En el caso de que vivas con más personas, intenta evitar que sea una habitación de paso, así te ahorrarás interrupciones que puedan desconcentrarte. Es importante que esta habitación disponga de buena luz, a poder ser natural, y que tengas allí todo lo que vas a necesitar: bolígrafos, libretas, marcadores, etc. También puedes tener el horario semanal que has hecho en ese cuarto para poder ir revisándolo. Si te ayuda, pon algún objeto de decoración con alguna frase motivacional que te dé ánimo cuando estés estudiando.

Por otro lado, si te decides por ir a estudiar a algún lugar fuera de casa, va a ser más difícil modificarlo a tu gusto, pero los lugares de estudio como las bibliotecas ya están diseñados para potenciar tu concentración al máximo.

Es importante que este lugar te dé paz y favorezca tu concentración y tranquilidad, imprescindibles para conseguir sacar el máximo provecho a tu tiempo de estudio. Tu cerebro relacionará ese espacio con el aprendizaje y lo favorecerá. En psicología, esto se llama condicionamiento clásico.

43
El **método** SQ3R

Una vez que hayas organizado tu tiempo y tengas el lugar ideal para estudiar, es hora de ponerse a ello. Esta es una técnica que puede ser muy útil para prepararnos exámenes o para simplemente aprender algo nuevo. Las siglas SQ3R corresponden a los pasos que conforman el método:

1. **Examinar (*Survey*).** Mirar el texto por encima revisando las partes destacadas como títulos, imágenes o palabras en negrita para tener una visión general, conectar y hacernos una idea de lo que tenemos que aprender y un primer mapa mental con estructura del contenido.
2. **Preguntar (*Question*).** Plantearnos posibles preguntas sobre lo que hemos revisado en la parte anterior. A medida que vayas leyendo el texto, ve haciéndote preguntas. Esto te ayudará a poner más interés en lo que después leerás en profundidad y a guiar tu proceso de lectura.
3. **Leer (*Read*).** Leer el texto de forma activa e ir respondiendo a las preguntas que te has planteado antes. Al tener que responderlas, tienes que prestar atención a lo que lees y tratar de encontrar la información que necesitas. Puedes leerlo varias veces hasta comprender bien lo que se expone.
4. **Repetir (*Recite*).** Explicar (contándolo o escribiéndolo) lo que has leído, pero con tus palabras. Te ayuda-

rá a procesar la información recibida y a transferirla de la memoria a corto plazo a la memoria a largo plazo.

5. **Repasar (*Review*).** Leer varias veces el texto, revisar los títulos que has identificado en el primer paso y tratar de explicarlo con tus palabras.

44
La **técnica** de las fichas

Esta herramienta es muy útil para memorizar y aprender con rapidez datos como fechas, símbolos, fórmulas, preguntas y respuestas o traducciones de palabras. Los pasos a seguir son estos:

- Coge un montón de papeles del mismo tamaño, que serán las fichas.
- En un lado de las fichas, escribe la pregunta; en el otro lado, la respuesta.
- Coge la primera ficha y lee la pregunta. ¿Recuerdas la respuesta? Si es así, colócala en un montón, que será el de las preguntas que sabes. Si no recuerdas la respuesta, mírala y coloca la ficha en otro montón, que será el de las preguntas falladas.
- Cuando termines de revisarlas todas, comprueba de nuevo que recuerdas todas las preguntas del montón de fichas que sabes.

- Vuelve al montón de preguntas falladas y repasa cada una de las fichas hasta que compruebes que ya las sabes todas.

FICHAS DE PREGUNTAS Y RESPUESTAS

45
El palacio de la **memoria**

En numerosas ocasiones tenemos que recordar una serie de cosas y no sabemos cómo hacerlo. Te quiero presentar esta famosa herramienta que seguro que te ayudará cuando esto te pase. Es una técnica que se utiliza para memorizar, para no olvidarnos de nada y para hacer más sencillo y divertido el aprendizaje.

Consiste en asociar la información que deseas recordar con las diferentes partes o paradas de un espacio o recorrido que hayas elegido. A cada dato hay que asignarle una ubicación. Tienes que elegir un lugar o un trayecto que conozcas bien: tu habitación, la ruta que haces caminando para ir al supermercado, la casa de tus padres, tu lugar de trabajo, las paradas que realiza el autobús que coges siempre para ir al centro… Lo importante es que conozcas bien el lugar o recorrido para que cuando trates de recordar la información solo tengas que caminar por tu palacio. Esta herramienta funciona porque es más sencillo recordar algo si se asocia a un lugar, ya que la información vinculada a imágenes es mucho más fácil de recordar.

Voy a mostrarte un ejemplo para que lo entiendas.

Imagina que tienes que memorizar los siguientes huesos: **húmero, radio, cúbito, fémur, tibia, peroné, martillo, yunque y estribo.** Como son huesos que pertenecen al brazo, a la pierna y al oído, podríamos dividirlos en tres habitaciones de tu casa.

Cocina: huesos del brazo

- Húmero. Vamos a colocarlo en la campana extractora, porque absorbe el humo y «húmero» se parece a «humo».
- Radio. Encima del microondas hay una radio.
- Cúbito. En la nevera hay cubitos de hielo.

Baño: huesos de la pierna

- Fémur. La bañera es el fémur porque es un hueso grande.
- Tibia. El grifo es la tibia porque tira agua y puede recordarte a «agua tibia».

- Peroné. Puedes imaginar a una persona sentada en el váter diciendo: «Pero no entres».

Salón: huesos del oído

- Martillo. La estantería es el martillo porque utilizaste un martillo para montarla.
- Yunque. El sofá gris puede recordarte a «yunque» porque es del color de la herramienta.
- Estribo. Lo puedes asociar con la estufa porque ambas palabras empiezan por las mismas letras.

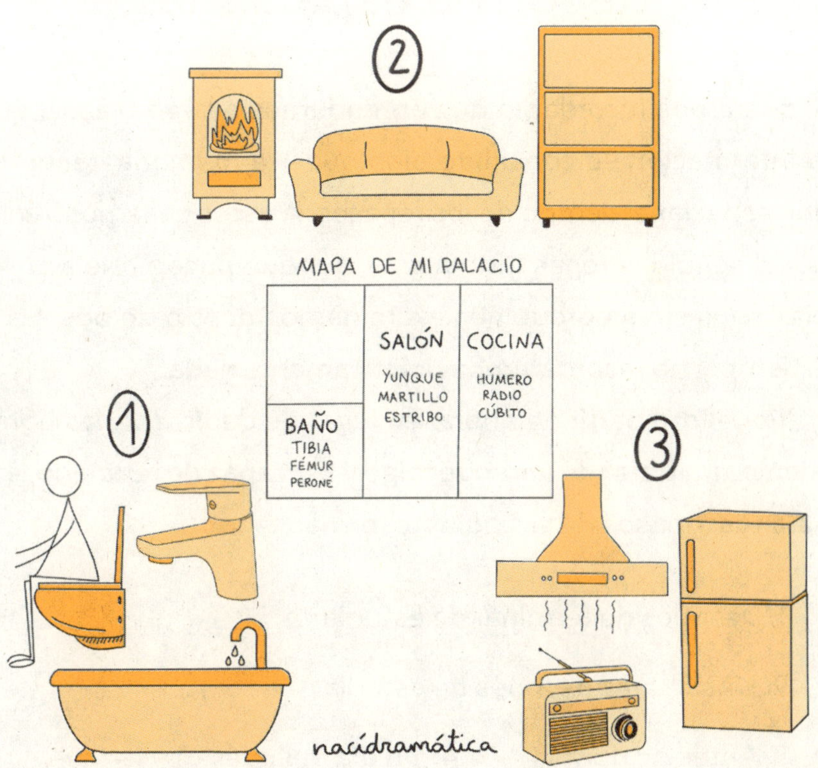

El palacio de la memoria es una técnica muy conocida porque puede utilizarse de forma muy versátil y puede ayudarnos a recordar cualquier cosa: desde los tipos de vitaminas, fechas de historia o los escritores y sus obras hasta los pasos de un proceso complejo, discursos o traducciones de palabras en diferentes idiomas. Ahora te toca a ti: ¿has pensado cuál va a ser tu primer palacio de la memoria?

46
Repasa lo **estudiado** de forma espaciada

Si queremos recordar lo que aprendemos a largo plazo y que la información se consolide bien nuestra memoria, tenemos que espaciar el tiempo de los repasos. A veces pasamos varias horas seguidas repasando algo y, aunque puede que a corto plazo nos sirva porque nos examinamos dentro de poco, con el tiempo, no recordaremos prácticamente nada.

Por ello, a partir de ahora, en lugar de dedicar varias horas seguidas a tratar de aprender algo y ser capaz de retenerlo, separa tus repasos de la siguiente forma:

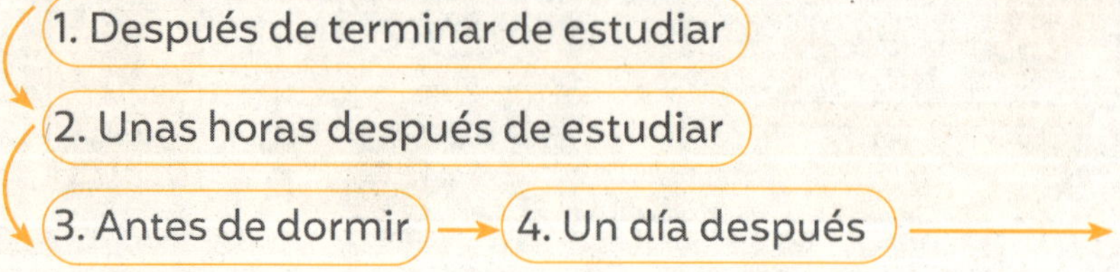

1. Después de terminar de estudiar
2. Unas horas después de estudiar
3. Antes de dormir → 4. Un día después →

5. Dos días después → 6. Cuatro días después → 7. Una semana después → 8. Dos semanas después

Ve espaciando los repasos cada vez más y llegará un punto en el que ya no te hará falta volver a repasar, porque la información ya estará en tu memoria a largo plazo. Con los espacios entre repasos, no solo estaremos comprobando si nos acordamos del temario, sino que estaremos mandando el mensaje de «esto es importante» y así reforzaremos ese aprendizaje para siempre.

47

Ponte a prueba en las **mismas** condiciones que el examen

Esta herramienta la puedes utilizar cuando tengas que estudiar para un examen y consiste en simular las condiciones a las que te enfrentarás el día del examen cuando tengas que mostrar lo que sabes. Para ello piensa:

- ¿Cual es el número de preguntas?
- ¿Con cuánto tiempo cuentas?
- ¿Cuál es el formato de examen?
- ¿Cómo van a evaluarte?
- ¿Cuáles son las condiciones que tendrás en el examen?

- Cuando tengas las respuestas, practica e intenta responder a las preguntas como si fuera el día de la prueba; si tienes que hacerlo más de una vez, ¡adelante! En muchas ocasiones tenemos falta de práctica ante lo que es el examen en sí, lo que puede provocar que, al vernos en esa situación poco familiar, nos estresemos y bloqueemos.
- Exponerte de forma frecuente a preguntas similares a las que tendrás que responder el día en el que se te evalúe hará que te acostumbres a esa situación y, como mínimo, evitará que sea esa situación la culpable de que tu rendimiento no sea el deseado.

48

El poder de las **mnemotecnias**

Las mnemotecnias son técnicas que se utilizan para memorizar información mediante asociaciones sencillas de recordar. **Resultan muy útiles para recordar información de manera rápida y práctica.** Algunas de las mnemotecnias que pueden ayudarte son:

- **Acrónimos.** Se trata de formar una palabra uniendo las primeras letras de las palabras que queremos recordar. Por ejemplo, para acordarte de las fases de la memoria, podemos utilizar la palabra «Coalre»: **Co**dificación, **Al**macenamiento y **Re**cuperación.

- **Formar frases.** Consiste en unir letras de las palabras que queremos recordar. Por ejemplo, si queremos recordar los elementos químicos de la columna 13 de la tabla periódica, que son Boro (B), Aluminio (Al), Galo (Ga), Indio (In) y Talio (Tl), podemos inventarnos una frase como esta: **B**usca **Al Ga**to **In**tentando **T**e**l**ar.
- **Asociar números con consonantes.** En ocasiones nos cuesta mucho recordar números largos o fechas porque carecen de significado. Este método mnemotécnico consiste en convertir los números en consonantes con las que formar palabras o frases para que sea más sencillo su recuerdo. Por ejemplo, si tenemos que recordar el número 9235, podríamos asociarlos a las letras p (por la forma parecida al 9), n (2 palos), m (3 palos) y s (por la forma parecida al 5). La palabra resultante sería «pnms» y la podríamos transformar en «**p**a**n**a**m**á**s**», teniendo en cuenta que solo cuentan las consonantes de la palabra al recordar la fecha. Puedes asociar los 9 números a 9 letras y siempre utilizar el mismo código.
- **Asociar números con palabras.** Este método es similar al anterior, pero, en lugar de asociar cada dígito a una consonante, cada dígito se asocia a una palabra que recuerde en algo a ese número. Por ello, esta técnica consiste en relacionar cada número a una palabra y hacer una historia con ellas. Por ejemplo, si queremos recordar la fecha 08/12/1560, podemos hacer lo siguiente:

¿A qué me recuerda cada número?

0	huevo
8	muñeco de nieve
1	vela
2	cisne
5	mano
6	trompa de elefante

Había un **huevo** encima de un **muñeco de nieve** y lo intentaban cocer con una **vela**. La vela iluminaba a un **cisne** que trataba de tocar la **mano** del elefante, pero solo fue capaz de tocar su **trompa**.

49
Enfócate en lo que realmente necesitas repasar

Cuando repasamos, solemos hacerlo de forma general: nos sentamos delante de los apuntes y leemos todo de principio a fin. Pero, si lo piensas bien, esto no tiene mucho sentido, porque no todas las partes requieren de la misma atención ni tienen el mismo nivel de dificultad.

En lugar de repasar todo por igual, mientras estudias, ve haciendo una lista con los conceptos que más te cuestan: ideas que confundes, fórmulas complicadas, datos que olvidas, errores frecuentes o dudas sin resolver. **Antes de ponerte a estudiar de nuevo, revisa tu lista y dedica más tiempo a esas partes.** Conforme vayas dominando cada uno de los puntos, ve tachándolos. Al hacer esto, cada vez te enfocarás más en lo que realmente necesitas reforzar, optimizando así tu tiempo y evitando retrasos innecesarios por repasar lo que ya sabes.

50
Role-play: sé un **profesor** para practicar lo estudiado

Esta técnica consiste en imaginar que eres docente y has de explicar a tu alumnado lo que has aprendido. Cuando tratamos de reproducir algo con nuestras palabras nos damos cuenta de si realmente lo hemos entendido bien. Tómatelo como una oportunidad para ver si hay cosas que no sabes tan bien como quisieras y necesitas reforzarlas. Sigue estos pasos:

1. Elige el tema que vas a exponer a tus alumnado.
2. Trata de explicarlo a tu manera.
3. Si te das cuenta de que hay algunas partes que te cuesta más explicar, revisa tus apuntes y completa la información que te falta.
4. Repite de nuevo a tu alumnado la información que antes has tenido dificultad para reproducir y asegúrate de que ahora ya no sientes esa confusión y de que está completa.

TRUCOS PARA OPTIMIZAR el tiempo

Todos tenemos la misma cantidad de horas al día, pero la sensación de aprovechar más o menos el tiempo varía enormemente de una persona a otra. Seguro que has tenido días en los que, sin darte cuenta, las horas han volado y no has logrado hacer ni la mitad de lo que querías. Y el resultado ha sido agobio, sentirte mal contigo y encontrarte incluso peor que si hubieras hecho todo lo que tenías que hacer. Esa sensación de «no llego a nada» pesa más de lo que parece, ya que no solo afecta a nuestra productividad, sino también a nuestro estado de ánimo y a la manera en que nos valoramos y nos hablamos a nosotros mismos.

El tiempo es uno de los recursos más valiosos con los que contamos, pero, al contrario que otros, es imposible recuperarlo. Lo que se desperdicia se pierde para siempre. Tras perder dinero, podemos recuperarlo; si hemos dormido mal, podemos volver a sentirnos activos descansando bien la noche siguiente, al igual que podemos reconstruir relaciones que se habían deteriorado, pero las horas que se han esfumado no vuelven.

Aun sabiendo esto, muchas veces nos encontramos atrapados en una rutina en la que sentimos que no avanzamos lo suficiente, que nos frustra, nos desgasta mentalmente y nos lleva a cuestionarnos si de verdad estamos aprovechando nuestra vida. Las tareas se acumulan, los días se nos escapan y llegamos al final de la semana cansados, tanto física como mentalmente, y sintiendo que todo lo que nos hemos esforzado no se ha traducido en resultados tangibles.

Una forma de hacer frente a esta falta de tiempo es empezar a utilizar trucos para optimizarlo, que nos permitan ganar horas que después podremos dedicar a otras actividades. Esto no significa llenar nuestros días de más tareas, como si fuésemos máquinas que deben producir sin parar. Más bien se trata de aprender a usarlo de manera más consciente y efectiva con el fin de descargarnos de presión. **Ganar tiempo no es solo una cuestión de productividad, es una cuestión de bienestar.** Cuando dominamos nuestro tiempo (en lugar de que el tiempo nos domine a nosotros), nos sentimos más organizados, tranquilos y satisfechos. Y lo mejor de todo: por fin podemos hacer hueco a lo que realmente merece nuestra atención.

La realidad es que muchas tareas diarias, mal gestionadas, se convierten en ladrones de tiempo. Lo peor es que a menudo ni siquiera somos conscientes de ello. Tratar de acordarnos de lo que teníamos que comprar, perder tiempo buscando cosas que no encontramos o no planificarnos de forma eficaz pueden ser hábitos que, de forma acumulada, nos acaban robando horas cada día. **Identificar y frenar estos hábitos improductivos es muy importante para poder recuperar el control.**

La buena noticia es que existen métodos y herramientas que nos ayudan a optimizar nuestro tiempo sin necesidad de sacrificar descanso o bienestar. Pequeños cambios en nuestra rutina pueden marcar una gran diferencia. Desde organizar mejor nuestras tareas hasta eliminar distracciones, aprender a agrupar actividades similares o aprovechar los tiempos muertos, todo contribuye a que nuestras jornadas sean más productivas sin que sintamos que vivimos en una carrera sin fin, contribuyendo a nuestro descanso mental en medio de tanto ajetreo.

El objetivo de este capítulo no es que llenes tu agenda con más tareas, sino que aprendas a gestionar mejor las que ya tienes. Vamos a ver estrategias prácticas que te permitirán ahorrar tiempo en actividades cotidianas, evitar pérdidas de tiempo innecesarias y, en definitiva, lograr que el día te cunda mucho más.

Más allá de eso, estas herramientas (como, por ejemplo, hacer listas de absolutamente todo) te permitirán vaciar la mente, lo que, aparte de mejorar tu productividad, tendrá un impacto en ti mucho más profundo: pondrá un granito de arena para que, poco a poco, sientas que controlas tu tiempo y dejes de vivir como pollo sin cabeza.

Porque, sí, es posible tener una vida más organizada en la que lleguemos a todo sin morir en el intento y en la que sintamos que, al final del día, realmente hemos aprovechado cada una de las horas. Ahora es momento de descubrir cómo hacerlo. ¡Vamos allá!

Si pierdes **tiempo**, pierdes vida. Es momento de poner freno a lo que te roba **tiempo, pero no merece la pena.**

Herramientas para ganar tiempo

51
Anota todas tus **tareas** pendientes

Tratar de recordar continuamente todo lo que tenemos que hacer es agotador. Además, la memoria a veces nos juega malas pasadas: olvidamos las cosas importantes o las recordamos cuando ya es demasiado tarde. Esta herramienta te ayudará a vivir sin el miedo a olvidar las tareas pendientes. La idea es que, cada día, **tu lista de cosas por hacer contenga todo lo que tienes pendiente**, para que así tu mente descanse y solo debas seguir el plan. El objetivo es que sistematices tu vida al máximo.

Para ponerlo en práctica, puedes llevar a cabo las siguientes actividades:

1. **¿Qué tengo pendiente ahora y en el futuro?**

Escribe todas las tareas pendientes que tengas que completar en las próximas semanas y meses, no solo del trabajo. Por ejemplo: renovar el DNI, poner la lavadora, pedir cita en el médico, pagar facturas, organizar la semana, reservar vuelos, pasar la ITV, felicitar cumpleaños, comprar crema para la cara, etcétera.

2. ¿Cuándo lo tienes que recordar? Establece recordatorios.

- **Para tareas puntuales:** añádelas a la lista del día exacto en el que tienes que hacerlas.
- **Para tareas recurrentes:** programa recordatorios como «cada sábado por la mañana, limpiar la casa», «cada dos semanas, lavar las sábanas», «cada tres meses, pedir cita en la peluquería», «una vez al año, preparar la declaración de la renta».

3. Cada día, comprométete a cumplir con lo que pone en tu lista sin pensar más allá.

Cuando revises tu lista por la mañana, no te cuestiones demasiado si debes o no hacer lo que pone en ella. Todo lo que está escrito es lo mejor que puedes hacer ese día, porque ya lo has pensado antes, ya lo has decidido. Céntrate en cumplirlo.

El objetivo es reducir la carga mental que tenemos cuando debemos acordarnos de todo y perder el miedo a olvidarnos de algo.

52

Agrupa tus **tareas** pendientes

Cuando pasamos de una actividad a otra, necesitamos adaptarnos y hacer una transición a la nueva tarea, lo que consume mucho más tiempo y energía de lo que pueda parecer. Esta estrategia propone que agrupes tareas similares en el mismo bloque de tiempo para evitar cambiar el foco constantemente y reducir interrupciones.

Estas son algunas ideas:

Tareas de casa	En lugar de dividir el proceso en varios días, recogiendo la ropa mojada un día, planchándola otro y doblándola y guardándola después, hazlo todo en el mismo día para mayor eficiencia.
Recados fuera de casa	Si tienes varias gestiones que hacer fuera de casa, como comprar platos nuevos, ir al banco, ir al oculista y recoger un paquete, planifica todo para hacerlo en la misma mañana o tarde.
Correos electrónicos y llamadas	Si sabes que tienes tres llamadas pendientes esta semana, trata de colocarlas en un bloque de tiempo el mismo día en lugar de distribuirlas a lo largo de la semana
Trabajo o estudio	Si en tu trabajo tienes que redactar un informe de cada cliente, dedica un bloque específico de tiempo uno de los días de la semana a hacer todos los informes.

Puedes utilizar esta herramienta tras hacer una lista de tus tareas pendientes la próxima semana. Cuando las tengas, agrúpalas por categorías.

53

Haz **listas** para todo: vacía tu mente

Tratar de recordarlo todo es una receta segura para el estrés. **Cuanto más intentamos retener en la mente, menos espacio dejamos para lo realmente importante y mayor es la sensación de desorden.** Hacer listas y sacarlo todo fuera de la mente es una de las mejores cosas que puedes hacer para liberar espacio de tu cabecita y ser más eficaz.

Crea listas de TODO lo que ronda por tu cabeza. Puedes hacer tantas listas como necesites, sin exagerar, claro. Puedes usar una libreta para llenarla de ideas o simplemente anotar todo en las notas del móvil a medida que se te ocurran. Aquí tienes unos ejemplos de listas que podrías hacer:

- **Lista de películas que ver, libros que leer, obras de teatro a las que asistir.** Si te hacen recomendaciones, ve apuntándolas; así, cuando por ejemplo quieras ver una película, solo tendrás que leer tu lista y elegir una que te apetezca de las que hay escritas.
- **Lista de cosas que tienes que meter en la maleta para tu viaje.** En el momento de hacer la maleta solo tienes que abrir tu bloc de notas y meter todo lo que has ido apuntando que no debes olvidar.

- **Lista de la compra.** Cada vez que te des cuenta de que tienes que comprar algo, apúntalo en esta lista; así, cuando vayas al supermercado, sácala y ya tendrás escrito lo más importante.
- **Lista de cosas que quieres hablar con tu jefe.** Si tienes reuniones semanales con tu jefe, ve anotando las cosas que quieres hablar con él conforme te vayan surgiendo y, así, cuando llegue el momento solo tendrás que mirar la lista.
- **Lista de sitios que quieres visitar en tu próximo viaje o cosas que deseas hacer.** Solo necesitas llegar al lugar y revisar las propuestas de lugares a los que ir o actividades para hacer.

Esta etrategia suele ser muy útil, ya que vamos creando listas que nos ayudarán más adelante. Volcamos ideas importantes conforme van surgiendo, sabiendo que nos servirán en un futuro, pero de las que puede que no nos acordemos en el momento que las necesitemos si no las hubiéramos apuntado.

54

Aprovecha los tiempos **muertos**

Si te fijas, hay muchos momentos en tu rutina que son tiempo muerto; es decir, que a priori no puedes aprovechar: en el transporte público, en la fila para hacer la compra de unas entradas o cuando esperamos que todo el mundo se conecte a la reunión a la que estamos convocados para que empiece. Es habitual que, cuando tenemos cinco o diez minutos libres, improvisemos y hagamos cualquier cosa como revisar el correo, subir alguna *story* a Instagram, consultar la predicción meteorológica... **Pero, en muchas ocasiones, ese tiempo puede llegar a ser mucho más productivo de lo que creemos.** Esta herramienta te va a ayudar a sacar el mayor partido de esos minutillos que crees inservibles. Estos son los pasos que tienes que dar:

- Identifica los tiempos muertos frecuentes de tu día a día.
- Escribe las actividades que puedes llevar a cabo en poco tiempo, por ejemplo, responder un correo, leer una noticia, escribir a una amiga, mirar vestidos para tu próximo evento, hacer respiraciones profundas, solicitar una devolución, etc.
- Cuando tengas tiempos muertos, mira tu lista de actividades y elige una de las que te venga bien hacer en ese momento, ya sea porque te apetece más o porque es más urgente.

Gracias a esta herramienta, los tiempos muertos dejarán de ser momentos en los que esperes de forma pasiva, convirtiéndose en oportunidades para realizar actividades que realmente quieres hacer o que tienes pendientes.

55
¿Lo llevas **todo**?

Salir de casa debería ser algo rápido, pero muchas veces acabamos volviendo porque se nos olvida algo: llaves, cartera, auriculares, cargador, gafas de sol, chicles, paraguas... Todos tenemos cosas que sí o sí nos tienen que acompañar todo el día.

Para evitar entrar y salir y perder tiempo en ello, esta herramienta te propone tener todo lo que necesitas llevar cuando salgas por la puerta en un mismo lugar. Así, evitarás volver porque has olvidado algo y no tendrás que volverte loco o loca buscando cosas en el último momento, sufriendo por si llegas tarde al lugar al que tienes que ir o pensando en que puede que no hayas cogido algo importante. Añade también cosas que no son las de siempre, pero que puntualmente necesitas llevarte: «regalo para dar a Judith», «libro para dejar a Óscar» o «chaqueta para devolver a Celia».

Además de tener todos los objetos listos, puede ser útil poner un cartel o una nota con una lista de cosas que verificar antes de salir de casa, como grifos cerrados, luces apagadas, ventanas cerradas y la comida y agua de tus mascotas lista.

Seguro que a partir de ahora saldrás con más tranquilidad de casa, más rápido y sin dar vueltas innecesarias.

56

Evita las horas **punta**: elige bien los momentos en los que hacer las cosas

Hay momentos en el día en los que se producen más atascos o colas en los establecimientos como supermercados, bancos u oficinas de mensajería. **Desplazarnos y hacer gestiones en horas punta hará que seguramente perdamos mucho tiempo.** La clave está en buscar alternativas (dentro de lo posible, porque puede que haya cosas inamovibles).

- **Identifica las horas punta y las horas valle**, tanto en establecimientos como en el tráfico. En cualquier lugar que quieras visitar, hay momentos en los que habrá más o menos gente. Utiliza esta información para organizar tus gestiones y trata de hacerlas cuando tengas la certeza de que haya menos afluencia. Al igual que el tráfico, hay horas en las que, por ejemplo, la gente entra o sale de trabajar y, en consecuencia, hay mucha más gente conduciendo en esos momentos del día. Si tienes que hacer un recado y no te importa a qué hora hacerlo, trata de evitar salir justo en hora punta.

- **Utiliza la tecnología para ganar tiempo.** Es frecuente reservar cita online en el médico, en la peluquería o en el banco, entre muchas otras. Esto te ahorrará visitas sin éxito y colas eternas. Por otro lado, también puede ser útil utilizar la opción «pedidos a domicilio» en muchas de tus compras para evitar el desplazamiento a las tiendas, al igual que adelantar gestiones de forma online.
- **Decide de forma inteligente.** Este es un ejemplo para inspirarte y que empieces a aplicar esta estrategia en tu día a día. Por ejemplo, si debes estar en el aeropuerto a las nueve de la mañana y sabes que a las ocho habrá tráfico, lo que te obligará a salir con prisa y te generará estrés, una opción es adelantarte y salir alrededor de las siete. De este modo, evitarás atascos y llegarás más rápido y tranquilo. Una vez allí, puedes aprovechar ese tiempo para adelantar trabajo con el ordenador o para hacer cualquier otra gestión. Seguro que será mejor eso para ti que pasar un rato encerrado o encerrada en un atasco.

Esta herramienta te hará ganar muchísimo tiempo que podrás invertir en algo más productivo o placentero. A su vez, reducirá el estrés que puede provocar estar en una cola interminable o en un atasco.

57
Tu caja de **desorden**

Tener los espacios desordenados nos hace perder tiempo: nos volvemos locos buscando cosas que no encontramos, vamos recogiendo objetos que están esparcidos por ahí y nos cansa mucho mentalmente, provocando que nos desconcentremos y no estemos a gusto.

Utilizar una caja de desorden tiene como objetivo mantener el orden sin perder tiempo. Consiste en elegir una caja, cesta o cualquier objeto en el que se puedan depositar cosas para ir introduciendo en ella todo lo que no está en su lugar o para meter lo que no tienes tiempo de guardar. Incluir esta caja en tu vida te ayudará a no tener que tomar esas pequeñas decisiones que nos desgastan.

Cualquier cosa que no esté en su sitio → A la caja.

Imagina que llegas por la noche a casa después de todo el día fuera. Dejas la chaqueta en la silla, los auriculares en la mesa, los pendientes en la mesita y el bolso en el suelo. En lugar de ir repartiendo todo por la casa, puedes echarlo en la caja de desorden. En ese momento, te darás cuenta de que los espacios están limpios y organizados, y podrás irte a dormir sin sentir que todo está hecho un desastre. El día que te toque limpiar, vacía la caja y coloca cada una de las cosas en el lugar que les corresponde.

Al usar esta caja, todo el desorden quedará recogido en mismo lugar. Además, si la usamos de manera eficiente, cualquier objeto extraviado debería estar en nuestra caja de desorden, lo que facilitará encontrarlo rápidamente. **Lo bueno es que todo está en un sitio, no en cualquier parte de la casa o en una chaqueta o bolso.**

El objetivo no es que utilices la caja del desorden como un lugar en el que dejar aparcadas las cosas con las que no sabes qué hacer. Se usa para recoger rápidamente y liberar espacio, pero es importante establecer una fecha para vaciarla. Esto te ayudará a reducir carga mental y a liberar espacio sin perder tiempo.

58
Planifica tus **comidas** y compras de forma semanal

Es muy frecuente que durante la semana vayamos muchas veces al supermercado a por ingredientes para nuestras recetas porque vamos comprando cada día lo que vamos necesitando para cocinar. Esto se debe a una falta de planificación.

Planificar qué vas a comer cada día y qué ingredientes necesitas para cada receta te ahorrará mucho tiempo, evitará que desperdicies comida y ya no tendrás que pensar cada día qué vas a comer.

Además, te asegurarás de cuidar de verdad tu alimentación por haberlo planificado.

Para ello:

- **Dedica un día a la semana (por ejemplo, el domingo) a planificar las comidas.** Haz un menú semanal.

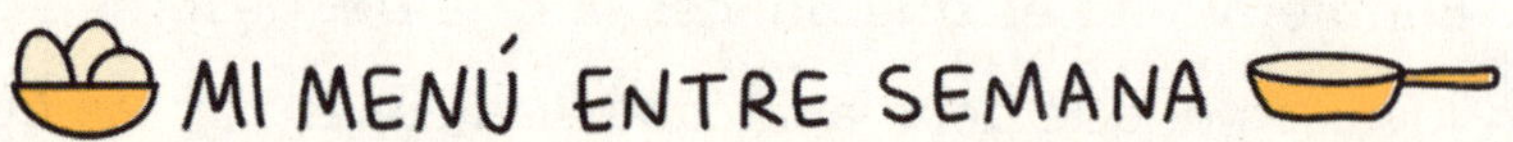

	LUNES	MARTES	MIÉRCOLES	JUEVES	VIERNES
DESAYUNO	TOSTADAS DE QUESO FRESCO CON JAMÓN	BATIDO DE FRUTAS DE PLÁTANO Y FRESAS	TOSTADAS DE HUEVO Y AGUACATE	TOSTADAS DE ATÚN CON TOMATE	BOL DE YOGUR CON FRUTA Y FRUTOS SECOS
COMIDA	SALMÓN CON ARROZ Y BRÓCOLI	QUINOA CON GAMBAS Y AGUACATE	PASTA CON PESTO Y TOMATES	PURÉ DE VERDURAS, MERLUZA Y CHAMPIÑONES	POLLO AL CURRY CON ARROZ
CENA	TORTILLA FRANCESA CON PECHUGAS	ENSALADA DE PATATAS, HUEVO DURO Y ATÚN	SALTEADO DE VERDURAS CON FILETE DE TERNERA	FAJITAS DE POLLO CON VERDURAS	BERENJENAS ASADAS Y SOLOMILLO CON QUESO

nacidramática

- **Escribe una lista de los ingredientes que necesitas para tus recetas.** Asegúrate de que no te falte nada y evita comprar de más (a veces compramos ingredientes porque los vemos en el supermercado y nos llaman la atención, pero luego no sabemos en qué receta utilizarlos y los acabamos tirando porque han caducado).
- **Ten en cuenta el tiempo del que dispones para cocinar.** Si sabes que dispones de poco tiempo, asegúrate de añadir a tu menú bastantes recetas sencillas para no tener que cocinar de forma muy elaborada cada día.

- **Organiza tu compra.** Así solo tendrás que hacerla una vez a la semana y podrás evitar viajes al supermercado.

Calcula el tiempo que dedicas a hacer la compra antes de utilizar esta herramienta y después para ver la diferencia. Fíjate en si aprovechas mejor los ingredientes y tiras menos comida una vez que empieces a utilizarla.

59

Compra en grandes **cantidades** los **productos** que utilizas habitualmente

Hay productos que usamos con frecuencia y que tardan meses o años en echarse a perder: la pasta de dientes, el detergente, el papel higiénico o el tomate frito, entre muchos otros. La estrategia es adquirirlos en grandes cantidades para evitar tener que estar pendientes de comprarlos siempre y reducir la posibilidad de que nos quedemos sin ese producto en un momento que lo necesitamos.

¿Cómo aplicar esta herramienta?

- Piensa en los productos que utilizas con frecuencia y que no se estropean: alimentos no perecederos, productos de limpieza o de higiene personal.
- Cuando vayas a comprar, coge varias unidades de cada uno de ellos. Por ejemplo, en lugar de comprar un solo champú, compra tres.

- Aprovecha las ofertas que ofrecen muchos supermercados: «Paga 2, llévate 3» o «La segunda unidad a mitad de precio». Así, además de ahorrar paz mental y tiempo, ahorrarás dinero (que también es una ventaja).

Para no olvidar que te toca comprar de nuevo esos productos, apúntalo en tu lista de la compra cuando solo te quede una unidad.

60
Aprovecha el tiempo en la **cocina**

Organizar las comidas ayuda a ahorrar tiempo, pero también es importante optimizar el rato que pasamos cocinando. **Muchas veces preparamos todo desde cero a diario, lo que puede ser poco eficiente.** Te propongo estas tareas para conseguir más organización en la cocina:

- **Cocina más cantidad de ingredientes básicos y de forma simultánea.** Hay ingredientes que seguramente utilices varias veces a la semana, que tardan en cocinarse y que aguantan bastante tiempo sin echarse a perder, por lo que cocinarlos en cantidad puede ser una forma de ahorrar tiempo: arroz, legumbres, verduras hervidas o al horno, pasta, pollo, etc.
- **Congela comidas que luego solo tendrás que sacar del congelador y calentar.** Hay recetas que no merecen la pena

hacerse para una sola ración, por lo que es recomendable cocinar varias raciones y congelar algunas de ellas.

- **Cocinando también se ensucia.** No solo se pierde el tiempo cocinando, sino también limpiando los utensilios que hemos utilizado. Por ello, el secreto está en aprovechar al máximo esos utensilios para cocinar todo lo que podamos antes de limpiarlos.
- **Prepara raciones para los siguientes días.** Puedes dejar preparados los *tuppers* para los dos próximos días. Así solo tendrás que preocuparte de calentar la comida.
- **Cuando te pongas a cocinar, no hagas una sola ración.** Ya que te pones, al menos haz para dos veces.
- **Trata de dejarte las comidas preparadas la noche anterior.** Así durante el día no vas a perder tiempo ni energía en prepararlas: ya las tendrás listas.

Una **forma** de comprobar la eficacia de esta herramienta es **contabilizar** el tiempo que has pasado **cocinando** durante una semana sin aprovechar el **tiempo** en la cocina, dejándote llevar, y después **medirlo utilizando** los *tips* que te he nombrado anteriormente. ¿Cuánto tiempo has ganado **al optimizar tu forma de cocinar?**

Parte 2
Tu vida

Vivimos en una era en la que el tiempo parece escaparse entre notificaciones, compromisos y una constante sensación de urgencia. Pasamos gran parte del día enfrente de una pantalla, inmersos en un torbellino de revisiones rápidas del móvil, redes sociales y mensajes instantáneos.

Sin darnos cuenta, nuestro tiempo desaparece y nuestra atención se dispersa.

El tiempo que dedicamos a conectar con los demás y con nosotros mismos es esencial para llevar una vida equilibrada. La tecnología nos ha facilitado la comunicación, pero también ha cambiado la manera en que interactuamos con nuestros seres queridos. Muchas veces, los chats reemplazan los encuentros cara a cara. Por eso es importante reservar espacios para las conexiones reales: dedicar tiempo de calidad a nuestros amigos y familiares, escuchar sin distracciones y compartir experiencias en persona.

Sin embargo, conectar con las personas no es suficiente si no aprendemos a conectar con nosotros mismos. En medio de la rutina, muchas veces olvidamos hacer pausas para reflexionar sobre cómo nos sentimos y qué necesitamos.

El tiempo de ocio y descanso es crucial, pero no solo como

un respiro entre responsabilidades, sino como un espacio para disfrutar sin presión. No todo pasatiempo tiene que convertirse en algo productivo ni cada afición ha de ser competitiva. Simplemente, podemos permitirnos realizar algo por placer, sin expectativas de perfección, solo porque nos ayuda a ser felices.

Dedicarnos tiempo a nosotros mismos también implica hacerse preguntas importantes:

- ¿Cómo me estoy sintiendo últimamente?
- ¿Me hablo con amabilidad?
- ¿Me priorizo lo suficiente?

Reflexionar sobre estos aspectos nos ayuda a encaminar nuestra vida hacia nuestras verdaderas necesidades. A veces, lo que necesitamos no es hacer más, sino hacer menos, pero con intención.

Es común pensar que algunas experiencias solo tienen sentido si las compartimos con alguien; y es cierto que compartir experiencias con la gente que nos rodea es superimportante para nuestro bienestar mental. Pero la verdad es que también podemos disfrutar de muchas actividades en solitario. Todo tiene sus ventajas: compartir tiempo de calidad con nuestros seres queridos nos permite construir relaciones sanas y crear recuerdos compartidos, que son gasolina para nuestra mente y atrevernos a hacer planes sin esperar a tener compañía nos facilita descubrir nuevos espacios, conocernos mejor y, quizá, conocer también a personas nuevas con intereses similares.

La clave está en aprender a equilibrar la tecnología con la vida real, el tiempo que pasamos con los demás con el tiempo que nos dedicamos a nosotros mismos y la acción con la pausa.

Al final, lo que **verdaderamente** importa
no es lo **ocupados** que estamos,
sino si estamos **presentes**
en cada momento que vivimos.

USAR EL MÓVIL DE FORMA consciente

Te reto a leer este capítulo, o el libro, sin tu móvil cerca o con él apagado para ver qué es lo que sientes cuando no puedes usarlo. En muchas ocasiones funcionamos como si tuviéramos el piloto automático puesto y cogemos el móvil cuando nos apetece, sin pensar. El simple hecho de prohibirnos utilizarlo durante un periodo de tiempo puede ayudar a que nos demos cuenta de muchas cosas.

La tecnología ha revolucionado el mundo en las últimas décadas transformando nuestra forma de vivir, nuestro uso del tiempo, el trabajo y la manera en la que nos relacionamos. Los avances tecnológicos nos fascinan y nos han permitido mejorar nuestras vidas en muchos aspectos, pero es de lo más común sentir que ejercen un gran poder sobre nosotros: controlan nuestro tiempo, nuestra atención y condicionan nuestras decisiones. Muchas veces, pasamos minutos u horas delante de ellos sin haberlo planeado y sin ser eso lo que realmente queríamos hacer. **A pesar de que la tecnología ha venido para quedarse y ha hecho nuestro día a día mucho más fácil, también tenemos que aprender a poner límite al tiempo que le dedicamos al móvil.** Muchas veces, las aplicaciones que tenemos instaladas en nuestro teléfono nos pueden hacer perder la noción del tiempo provocando que dejemos de hacer otras actividades importantes.

¿Hiperconectados pero desconectados a la vez?

Hace pocos años, numerosas situaciones del día a día, actividades como esperar el bus, hacer cola en el súper o limpiar la cocina, nos permitían pasar un rato a solas con nuestra cabecita, estar con nosotros mismos. Disponíamos de un espacio propio para reflexionar, atender a nuestras emociones, tener ideas, procesar lo ocurrido durante el día, recordar momentos o simplemente descansar la mente. **Cuando pasamos un ratito con nuestros pensamientos, nos permitimos divagar sin un objetivo predeterminado, lo que nos ayuda a conectar con nosotros mismos y con el ahora.** A raíz de la aparición de las nuevas tecnologías y de que nuestro teléfono nos acompañe a todas partes, cualquier momento que tenemos libre lo llenamos con estímulos digitales: redes sociales, mensajes, vídeos, audios, notificaciones, fotos, etc. En el momento que tenemos una pausa, aunque esta sea pequeña, hemos adoptado el hábito de sacar el móvil para llenar ese espacio.

Sin embargo, el tiempo que pasamos con nosotros mismos es necesario para dar espacio a nuestra mente para divagar. Al estar siempre distraídos, perdemos la oportunidad de comprendernos y conocernos mejor, de fijarnos en lo que sentimos, de hacer introspección. **Esto puede provocar que nos sintamos desconectados de nosotros mismos, de nuestros sentimientos y necesidades.** Por otro lado, al estar siempre conectados a nuestro teléfono, nos perdemos detalles de lo que ocurre a nuestro alrededor: situaciones, conversaciones, expresiones, paisajes, sonidos...

Puedes estar perdiéndote momentos contigo y cosas del presente. **Ser consciente de esto puede ser un primer paso para animarte a reducir el tiempo que le dedicas al móvil.**

Lo mismo pasa con nuestras relaciones interpersonales: tenemos conversaciones interminables con nuestros seres queridos a través de nuestro móvil y, aunque parezca que esto nos hace estar más conectados que nunca, estamos perdiendo la oportunidad de pasar momentos de calidad con ellos en persona. Si consideramos nuestras conversaciones a través de mensajes como interacciones a las que debemos atender constantemente, estas, además de distraernos de actividades importantes que requieren de nuestro tiempo y atención, pueden afectar a la profundidad de nuestras relaciones. Las interacciones digitales constantes nos crean una sensación de cercanía con el resto de las personas que no es real.

¿Cuándo empieza a considerarse problemático el uso que se le da al móvil?

- Para sentirte satisfecho necesitas utilizarlo cada vez más tiempo o para más cosas.
- Experimentas malestar cuando está prohibido su uso o cuando llevas un tiempo sin usarlo.
- Lo utilizas durante más tiempo del que te habías propuesto.

- Quieres reducir el uso del móvil, pero no lo consigues.
- Dejas de hacer otras tareas importantes o te cuesta empezarlas y terminarlas porque has mirado el teléfono.
- Continúas utilizándolo a pesar de saber que es perjudicial.

Estos son algunos ejemplos reales con los que puedes sentirte identificado:

- Esperas que lleguen notificaciones continuamente y te preocupas si no llegan.
- No estás bien o no sabes qué hacer cuando no puedes utilizar el móvil.
- Utilizas el móvil para resolver problemas que podrías resolver sin él o cuando en realidad tienes mejores cosas que hacer o ver.
- Recurres al móvil para evitar sensaciones y emociones desagradables como el aburrimiento.
- Te sientes incompleto si no llevas el móvil encima.
- Dejas de hacer otras actividades por utilizar el móvil.
- Tienes problemas para relacionarte con los demás.
- Usas el móvil de forma automática, sin un fin establecido.

Herramientas para usar tu móvil de forma saludable

61

¿Qué te transmite tu **teléfono**?

Mira ese objeto rectangular brillante que siempre llevas contigo y escribe lo que te transmite y lo que te hace sentir. Estas son algunas de las cosas que se te pueden ocurrir al mirarlo:

- Pérdida de tiempo
- Entretenimiento
- Información y conocimiento
- Trabajo
- Necesidad de tenerlo cerca siempre
- Culpabilidad por usarlo en exceso
- Hacer fotos
- Conectarme con personas que están lejos
- Miedo a perderlo
- Procrastinación
- Organización
- Escuchar música
- Distracción

- Puedo llegar con él a todos los sitios
- Evasión de todo cuando lo desbloqueo
- Tener que revisarlo constantemente
- Ansiedad o enfado
- Envidia en las redes sociales
- Necesidad de compartir lo que hago

Pero ¿qué es realmente tu móvil? **Es una herramienta más que utilizamos en nuestro día a día, como un peine, unos pantalones o una silla.**

Fíjate en la lista que has escrito sobre lo que te transmite tu móvil: ¿habla del móvil? ¿O de ti y de cómo te sientes? Lo que piensas sobre tu móvil es un reflejo de ti. El móvil solo es un objeto más que nos acompaña y el uso que se hace de él es muy diferente en función de quien lo use. El objeto es el mismo para todos, pero no todos sentimos lo mismo al mirarlo y hacer este ejercicio. Fíjate en los ejemplos:

- Si has escrito **«evasión de los problemas»**, puede que lo estés utilizando cuando te pasa algo malo para no darle vueltas a las cosas, cuando has discutido con alguien o cuando algo te preocupa.
- Si en cambio has escrito **«necesidad de compartir lo que hago»**, ya que sientes que tus *stories* deben estar siempre actualizadas, puede que seas *influencer* y te dediques a crear contenido, o que quieras que alguien vea las fotos que subas porque crees que así pareces más interesante.

- Si has escrito **«procrastinación»** porque te hace posponer lo que tienes que hacer, puede que lo utilices porque te aburres, porque te parece muy difícil lo que tienes que hacer o porque tienes demasiado tiempo libre.

Reflexiona bien sobre cada una de esas cosas que has escrito acerca de tu móvil y considera qué dice de ti que pienses así sobre este objeto.

62

Presta atención a tu **relación** con el teléfono móvil

1. Durante un día entero empieza a fijarte en el número de veces que enciendes tu teléfono. Incluso ve apuntando la cifra o instala alguna aplicación que lo contabilice. Utiliza tu móvil de forma habitual y por la noche, antes de dormir, piensa en cuántas veces crees que lo has desbloqueado a lo largo del día. Después verifica este número. Seguro que te sorprende la cantidad de veces que lo has usado.
2. Pon el foco en los momentos o situaciones en los que lo desbloqueas: ¿cuándo sueles utilizarlo? ¿Sueles encenderlo con algún objetivo? ¿En cuántas ocasiones es así? ¿Lo usas con la intención de distraerte o para evitar una actividad que no te apetece hacer?
3. ¿Qué sientes mientras utilizas tu móvil? ¿Y después?

Para ir reduciendo el uso que haces de tu móvil debes querer cambiar, y para ello es necesario tomar consciencia de cuánto lo utilizas, en qué situaciones y qué sientes al hacerlo.

4. Identifica por qué quieres usar menos tu móvil y nombra las cosas que puedes hacer en ese tiempo

A veces, no se trata solo de decir: «tengo que reducir el uso que hago de mi móvil», sino también de valorar para qué te va a servir hacerlo. Haz una lista de todas las actividades a las que te podrías dedicar en el tiempo que le quieres quitar a tu móvil.

Aquí tienes algunos ejemplos:

- Me gustaría ver más películas.
- Quiero pararme más a disfrutar y mirar la ciudad cuando estoy paseando.
- Me encantaría fomentar mi creatividad escribiendo o dibujando.
- Podría vivir en un espacio más natural si incluyera plantas y tuviera tiempo para cuidarlas.
- Estaría bien pasar tiempo con mis seres queridos sin que nada me interrumpiera.

63 **Organiza** tus momentos de **ocio**

Para poder disfrutar de tu tiempo libre y llevar a cabo actividades que realmente te llenen, es necesario planificarlas. Si no defines las actividades que te gustaría hacer, es probable que termines dedicando ese tiempo a otras opciones que sean menos satisfactorias y significativas para ti, como ver vídeos aleatorios en internet, porque es más accesible y sencillo de llevar a cabo. **Por ello, es importante que dediques tiempo a organizar tu ocio.** Esta herramienta marcará la diferencia entre sentir que has aprovechado tu tiempo o simplemente lo has dejado pasar, te ayudará a no caer en el modo «piloto automático» y reducir así el uso que haces de tu teléfono en los espacios de tiempo en los que no tengas obligaciones.

Para ello te propongo:

1. Haz una lista de actividades gratificantes que puedes hacer para disfrutar de tu tiempo libre. Por ejemplo:

- Leer una novela
- Cocinar recetas nuevas
- Aprender a coser
- Meditar
- Salir a andar con amigas

2. Clasifica las actividades en función del tiempo que requieran para llevarlas a cabo.

Por ejemplo:

RÁPIDAS (menos de 30 minutos)	**INTERMEDIAS (entre 30 y 60 minutos)**	**LARGAS (más de una hora)**
Escribir en mi diario	Practicar una nueva técnica de pintura	Asistir al club de lectura
Aprender tres expresiones nuevas en otro idioma	Ir a escalar	Organizar el itinerario de mi próximo viaje
Hacer *origami*	Preparar una pizza casera	Ir al cine a ver películas de estreno que me interesen

3. En tu planificación semanal o diaria, añade bloques de tiempo para las actividades que hayas escrito, al igual que haces con tus obligaciones laborales. Por ejemplo:

- **Antes de dormir.** Escribir en mi diario.
- **Miércoles de 20.00 a 21.00.** Escalar.
- **Viernes de 18.00 a 20.00.** Asistir al club de lectura.

Es conveniente que te organices asociando momentos del día o de la semana con actividades o, para fluir un poco más, cuando tengas un rato libre, puedes elegir la tarea que más te apetezca hacer de las que te has propuesto en función del tiempo que tengas disponible.

4. Prepara todo lo necesario para realizar la actividad con antelación, el día de antes o unas horas antes de empezarla. Así reducirás el riesgo de posponerla. Por ejemplo:

- **Si te vas a escalar.** Puedes prepararte la mochila con todo lo que necesitas para que esté lista cuando llegue el momento de salir de casa.
- **Si quieres escuchar un pódcast.** Puedes buscar el capítulo y guardarlo en favoritos o descargarlo para tenerlo a mano cuando quieras reproducirlo.

64
Planifica el uso que haces de tu móvil

Es posible que muchas veces utilices tu móvil casi sin darte cuenta, y lo desbloquees de forma automática solo porque lo tienes integrado en tu día a día como un hábito.

Aunque en ciertos momentos pueda ser entretenido, muchas veces nos sentimos mal con nosotros mismos después de usar el móvil, ya que nos damos cuenta de que no nos ha aportado absolutamente nada.

El hecho de planificar el uso de tu móvil de forma estratégica te permitirá aprovechar mejor el tiempo y evitar excederte con él.

1. **Establece tus ratos de móvil.** No se trata de limitar drásticamente su uso, sino de utilizarlo con intención y solo cuando realmente quieras hacerlo. Es importante que seas realista y elijas horarios que funcionen para ti, y para el uso que quieres y necesitas darle (por ejemplo, si lo usas o no para trabajar). Decide de antemano cuándo

y durante cuánto tiempo lo quieres usar cada día. Por ejemplo:

- 15 minutos mientras desayuno.
- 20 minutos en el trayecto al trabajo.
- 30 minutos al llegar a casa por la tarde.

2. **Usa el móvil con una intención clara.** Antes de desbloquear el dispositivo, pregúntate para qué vas a utilizarlo en ese momento. Tener un objetivo claro evitará que lo uses sin motivo.

   ¿Es para hablar con alguien importante? ¿Para revisar las redes sociales? ¿Quieres hacer una compra online? ¿Vas a trabajar o estudiar? ¿O solo quieres relajarte un rato? Especifica bien cuál es la verdadera intención antes de desbloquearlo y piensa si realmente merece la pena hacerlo en ese instante.

3. **Reflexiona sobre tu nueva forma de usar el móvil.** Dedícale unos minutos al final del día, la semana o el mes a pensar en cómo te has sentido al gestionar el uso de tu móvil. Puede ayudarte preguntarte lo siguiente:

- ¿Cómo me he sentido planificando el uso que doy a mi móvil?
- ¿Considero que tengo mayor capacidad para decidir qué hacer con mi tiempo?
- ¿Aprovecho más el tiempo ahora?
- ¿Qué cambios he notado?

65
Intercambio de **móviles**

Para ampliar los momentos en los que no puedas usar tu móvil siempre que te apetezca, te propongo esta herramienta: cuando compartas tu espacio y tiempo con alguien, proponle hacer un intercambio de móviles, ya sea en una comida, visitando un museo, viendo un partido, trabajando juntos o compartiendo cualquier otra actividad.

Esta práctica te permitirá tener un móvil cerca por si necesitas sacar una foto o buscar algo puntual, pero, al no ser tuyo el dispositivo, no sentirás la misma necesidad de usarlo continuamente ni hará que te sumerjas en él cada vez que lo hagas.

Tu móvil no es solo un dispositivo, sino un reflejo de tu identidad: contiene tus contactos, fotos, aplicaciones, correos o chats. Al intercambiarlo, eliminas esa conexión personal que te lleva a querer usarlo tanto.

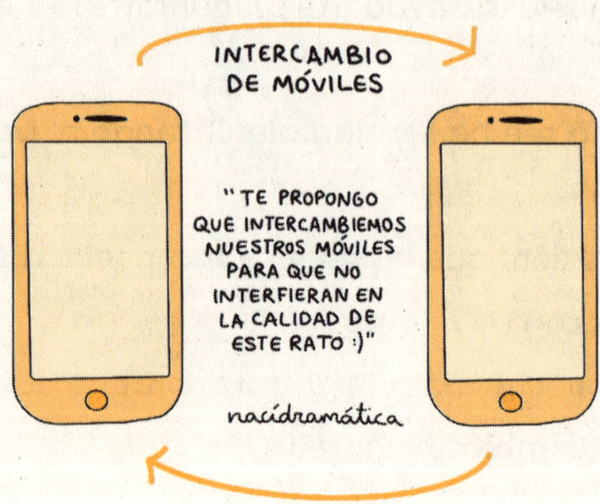

66

Crea una **carpeta** en tu móvil con las aplicaciones que te distraen y cámbialas de lugar

Te animo a que crees una carpeta con todas las aplicaciones que consideras que te distraen. Cada vez que vayas a entrar en una de ellas, lo harás haciendo clic en la carpeta y leerás el nombre de esta. Ponle un nombre que te haga recordar que estás entrando en un apartado de tu móvil que tiene la capacidad de distraerte como:

Por otro lado, a veces saltamos de una aplicación a otra de forma automática sin pensar realmente si queremos entrar en ella. Por eso, puedes cambiar de lugar, de vez en cuando, las aplicaciones que más tiempo te quitan. Así, cuando vayas a acceder a una aplicación, tendrás que plantearte si realmente quieres hacerlo. La utilización del teléfono móvil está muy relacionado con ese uso automático: nuestro cerebro va de una aplicación a otra porque es lo que ha aprendido, pero al cambiarlas de sitio verás si realmente quieres entrar en ellas.

67

Utiliza un dispositivo más **sencillo**

A veces en nuestros dispositivos hay demasiadas cosas que compiten por nuestra atención. Aunque es cierto que podemos apagarlo cuando necesitamos concentrarnos, también lo es que esto no siempre es posible, ya que a veces necesitamos utilizar el propio dispositivo. Por ello, una solución es empezar a usar un móvil más sencillo que únicamente contenga aquello que necesitas para cumplir con tus obligaciones y que, por tanto, no te permita navegar demasiado, porque no tiene nada atractivo que te robe el tiempo y la atención.

68

No tienes que estar siempre **disponible**

Si fuese por tu dispositivo, te avisaría de todas las novedades que hay en cada una de tus aplicaciones. Pero ¿crees que puedes darle todo ese poder al objeto rectangular que siempre tienes cerca? Es momento de empezar a filtrar lo que es importante y lo que no.

Si sientes que tu móvil interfiere mucho en tu día a día, te propongo probar el modo «no molestar». Todos los móviles lo tienen y puedes activarlo en «configuración». Lo interesante de este modo es que puedes personalizarlo para que se adapte a tus necesidades. Empezar a activar este modo cuando queremos que el móvil no nos distraiga puede ayudarte a gestionar mejor tu tiempo y mantener el foco.

- **¿Cómo funciona el modo «no molestar»?** Activando este modo, modificamos la configuración de las notificaciones para recibir únicamente las más importantes y minimizar así interrupciones. Con el «no molestar» activado podrás:

- **Elegir quién puede contactarte.** Si estás esperando algún mensaje de una persona en concreto, puedes configurarlo para que sus mensajes o llamadas sean una excepción. Por ejemplo, si te van a enviar el resultado de unas pruebas médicas, puedes permitir solo las notificaciones de este contacto.
- **Seleccionar las aplicaciones de las que deseas recibir notificaciones.** Por ejemplo, si tienes instalada una *app* de seguridad o tu correo laboral en horario de trabajo, solo recibirás las notificaciones de estas aplicaciones.

69

Empieza a cambiar la relación que tienes con los mensajes

No todos los mensajes son urgentes ni necesitan tu atención y una respuesta de forma inmediata. Decide en qué momentos vas a revisar tus mensajes y cuándo responderás los urgentes y los no urgentes. Esto te permitirá dedicarle el tiempo adecuado a ellos sin interrumpir otras tareas importantes. Por ejemplo, podrías decirte: «Voy a revisar los mensajes de mi móvil»...

- Mientras hago bicicleta.
- En el autobús o en momentos que pare para descansar.
- 30 minutos antes de dormir.
- Los miércoles a partir de las 18.00.

Avisa a los demás

Explica a tus personas cercanas este nuevo hábito para que lo sepan. Al hacerlo, no solo reduces la presión que sueles sentir por contestar rápido, sino que además te comprometes a respetar tus propios límites. Con el tiempo, los demás se acostumbrarán, y tú tendrás una relación más saludable con tu móvil y tu tiempo. Por ejemplo, puedes decirles:

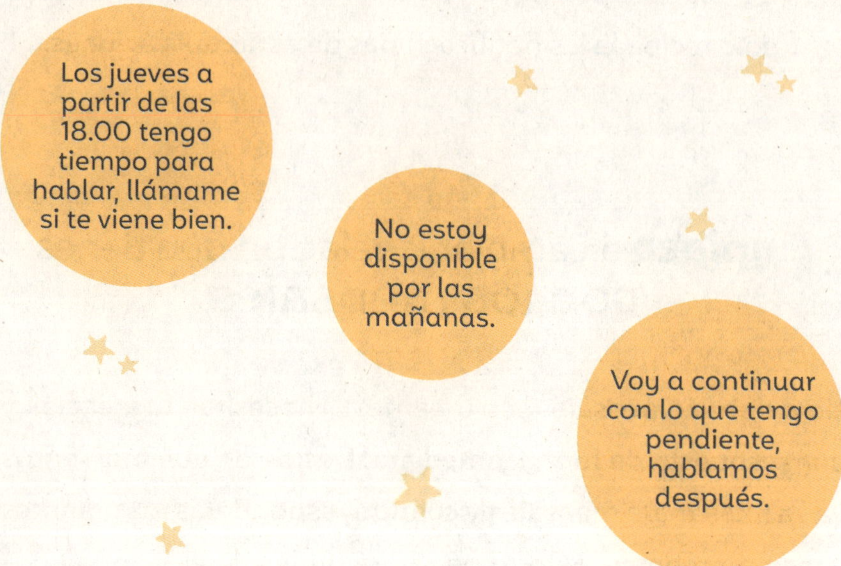

70
Momentos de tu día a día sin móvil

Estamos tan acostumbrados a llevar siempre el móvil con nosotros que, cuando no lo tenemos cerca, podemos llegar a sentir incomodidad o pensar que nos falta algo, que estamos incompletos. Esta herramienta consiste en comprometerte a hacer algunas actividades de tu día a día sin tu móvil. Puedes empezar por actividades cortas, seleccionar después otras que duren más e ir aumentando la frecuencia conforme vayas sintiéndote capaz. Así irás asumiendo poco a poco la idea de que no es necesario tener el móvil siempre al lado.

Algunas de estas actividades podrían ser ir a hacer la compra, salir de fiesta, hacer la maleta, cocinar, leer, meditar, hacer yoga o ir a por un paquete.

Sientes que te estás «**perdiendo** cosas» cuando no miras tu móvil y no estás **conectado**, pero ¿te has planteado lo que **puedes estar perdiéndote por mirarlo?**

TIEMPO PARA CONECTAR CON los demás

«Entre cumplir con las obligaciones del trabajo, llegar al nivel que se me exige en los estudios, tener la casa en orden, hacer gestiones personales y responder a las obligaciones del día a día, me queda muy poco tiempo para dedicar a las personas que me importan. ¿Qué hago, súper?».

Es cierto que en una sociedad en la que se valora la productividad por (casi) encima de todo y trabajamos o estudiamos demasiadas horas, podemos llegar a sentir que no tenemos suficiente tiempo para dedicar a los demás y acabamos descuidando nuestras relaciones. Pero se ha demostrado que es precisamente la calidad de sus relaciones lo que hace que las personas sean más felices a lo largo de su vida y que esta sea más satisfactoria. **Mantener vínculos significativos y cercanos es un medidor de salud y felicidad.**

Es muy importante optimizar nuestro tiempo de trabajo o de estudio porque hacerlo nos permite pasar el tiempo libre con la gente que nos rodea. Pero no se trata solo de pasar tiempo con cualquier persona y haciendo cualquier actividad, sino de compartirlo con quienes realmente nos importan y en aquello que de verdad nos interesa y enriquece. Cada día nos esforzamos por cumplir con responsabilidades y exigencias; por eso es importante que después de ese esfuerzo podamos disfrutar al cien por cien del tiempo que tenemos con las personas que queremos.

A veces, cuando por fin tenemos ratos libres acabamos quedándonos en casa haciendo algo que no nos haga pensar demasiado: ver una serie o tumbarnos en el sofá mientras revisamos las redes sociales. Esto no significa que no nos gustaría ver a otras personas, sino que estamos tan agotados que el simple hecho de organizar algún plan con amigos o familiares nos parece demasiado esfuerzo y preferimos tomar el camino fácil en ese momento: **valoramos más estar tranquilos porque mañana será otro día difícil, otra vez**. Y con esta dinámica pueden ir pasando los días y las semanas sin haber dedicado tiempo de calidad a las personas que nos importan.

Muchos de nosotros deseamos tener más tiempo para dedicarlo a nuestros seres queridos, pero, cuando finalmente lo conseguimos, no nos organizamos bien, porque nos sentimos agotados, y no lo aprovechamos de la mejor forma.

Para que veas la importancia que tienen las relaciones y su impacto en tu bienestar y demostrarte que los estudios llevan razón, quiero lanzarte esta pregunta: **¿cuáles han sido los momentos en los que has sido más feliz a lo largo de tu vida?** Si te paras a enumerar esos momentos, es posible que muchos de ellos los hayas compartido con otras personas. Puede que recuerdes viajes que has hecho en compañía, ataques de risa con un amigo, una celebración de un día importante, conversaciones profundas o la compañía de alguien que haya estado contigo en momentos difíciles para ti. Tener a personas cerca con las que podamos pasar tiempo de calidad y en las que podemos confiar nos hace sentirnos acompañados y queridos.

Los lenguajes del amor

Tener más tiempo libre y querer aprovecharlo para dedicarlo a nuestras relaciones es muy bonito, pero debemos tener en cuenta que no todos nos sentimos valorados de la misma forma y no siempre demostramos nuestros afectos igual. A veces creemos que estamos dedicando tiempo de calidad a otra persona, pero puede que esta no lo perciba así. Gary Chapman nombra «los cinco lenguajes del amor»; es decir, las cinco formas principales de demostrar y percibir el amor. Entender cuál es el lenguaje del amor de los demás nos ayuda a dedicar nuestro tiempo a las otras personas asegurándonos de que ellas lo valoren.

LOS CINCO LENGUAJES DEL AMOR	ALGUNOS EJEMPLOS
Tiempo de calidad	Organizar citas especiales y significativas, implicación en las conversaciones o enfocarte en esa persona cuando estáis juntos.
Palabras de afirmación	Hacer cumplidos, expresar la admiración que sientes por una persona o reconocer su esfuerzo.
Actos de servicio	Preparar la comida favorita de alguien, ayudarle con una tarea o acompañarlo a casa.
Regalos	Detalles que le demuestren que te has acordado de esa persona: una bolsa de golosinas, un disco que le guste o una foto vuestra impresa. No tienen por qué ser cosas costosas.
Contacto físico	Abrazos, besos, caricias o relaciones sexuales.

En ocasiones damos por hecho que las relaciones que tenemos con nuestros seres queridos se mantienen por sí solas. Creemos que, cuando queramos recuperar el contacto con ellos y por fin tengamos tiempo libre en un futuro, todo seguirá igual, por lo que no es necesario esforzarnos en mantenerlas. Pero, en realidad, las relaciones se van construyendo con pequeños detalles, gestos cariñosos y experiencias compartidas, y, en caso de no hacerlo, la relación puede enfriarse.

A su vez, es importante que también nos centremos en romper la rutina e innovar en los planes que hagamos. Cuando hacemos siempre el mismo plan, caemos en la monotonía y automaticidad y las interacciones son menos enriquecedoras. La novedad activa los circuitos de recompensa de nuestro cerebro liberando dopamina, por lo que hacer planes novedosos de vez en cuando con las personas que queremos fortalece mucho nuestras relaciones.

Tiempo de calidad

Por otro lado, a veces podemos caer en la trampa de pensar que pasar tiempo con alguien únicamente compartiendo un rato y espacio puede ser suficiente cuando, en realidad, si queremos aprovechar los momentos que compartimos con nuestros seres queridos y que tengan un verdadero impacto, tenemos que esforzarnos por estar presentes en los encuentros y tratar de sacar provecho a ese tiempo compartido.

Mira la diferencia:

Solo estar con alguien	Pasar tiempo de calidad
Físicamente las personas están juntas, pero no se presta atención al otro; la mente está en otro sitio.	Se está enfocado en la otra persona, no hay distracciones que desvíen nuestra atención.
La conversación es superficial o incluso no hay conversación; cada uno está a sus cosas.	Ambas personas están implicadas en la conversación, comparten ideas, escuchan al otro y se preocupan por ver qué piensa o siente.
El tiempo que se ha pasado juntos simplemente ha sido por pasar el rato; no ha aportado nada.	El tiempo que se comparte se siente como que ha sido bien aprovechado.
El vínculo entre las dos personas no se fortalece, incluso se siente como muy frío y distante.	Hay un impacto significativo en la relación; el vínculo se fortalece.
En ese momento se comparte el mismo espacio, pero nada más.	La intención es pasar tiempo juntos, que el encuentro sume y cuidar la relación.

Ser capaces de encontrar el equilibrio entre nuestras obligaciones, el espacio que necesitamos para nosotros mismos y el tiempo de calidad que les dedicamos a otros nos hará valorar la necesidad de aprender a gestionar mejor nuestro tiempo y ser más productivos.

Herramientas para conectar con los demás

71
El mapa de tus **relaciones**

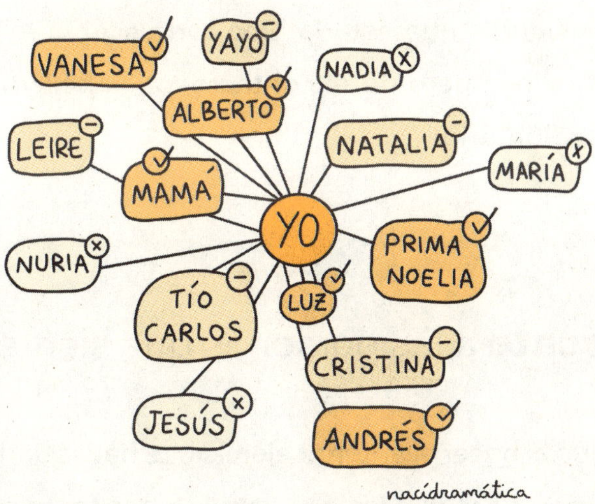

Para hacer este ejercicio vas a necesitar un papel, boli o lápiz y varios rotuladores de diferentes colores. Consiste en pensar en cuáles son las personas que forman parte de tu vida, las que te importan y con las que te gusta pasar el tiempo; para no dejarte a nadie, haz una lista. Pon tu nombre en medio del papel y ve colocando los del resto más cerca o más lejos de ti en función de la cercanía que tenéis actualmente. Después, dibuja un círculo alrededor de los nombres de diferentes colores en función de la relación que tengas con esa persona: de amistad, laboral, familiar, etc. Este primer paso te ayudará a ver cuáles son los colores que predominan en tu mapa para ver si te importan más personas de un color que de otro y para ver si hay algún color que tiende a estar más cerca de ti porque sueles dedicar más tiempo a ese grupo de personas. Al lado de cada uno de sus nombres vas a poner un *tick* (√) si sientes que pasas suficiente tiempo con esa persona; un guion bajo (_) si consideras que estaría bien fortalecer la relación y una equis (**X**) si has perdido el contacto, os habéis distanciado y querrías retomarlo.

72
Acércate a las personas que sientes **lejos**

Puede que al hacer el anterior ejercicio te hayas dado cuenta de que hay personas con las que ya no tienes tanto contacto y te haya dado pena colocarlas tan lejos de ti. Esta herramienta pretende poner remedio a esto. **Las relaciones cambian y se construyen, hay etapas en las que pasamos más tiempo con unas personas y otras con otras, y no pasa nada.** En el caso de que queramos volver a tener a alguien en nuestra vida, tenemos que ser conscientes de que retomar el contacto con esa persona puede ser un proceso difícil de gestionar porque sentimos que la relación se ha enfriado y que puede ser algo forzado.

Para volver a conectar con estas personas que has marcado como «_» o «X», piensa en ellas de una en una y elige una acción que vas a llevar a cabo para saber de ellas de nuevo. Estas son algunas ideas:

- **Decirle que algo te ha recordado a él o ella.** Una canción, un lugar, una comida, una expresión... ¡Seguro que son muchas las cosas que te hacen recordarle!
- **Enviarle un mensaje.** Puedes preguntarle directamente cómo está.
- **Compartir algún recuerdo.** Seguro que tenéis alguna foto juntos, alguna experiencia memorable o anécdota que puedes enviarle o contarle para recordar viejos tiempos y así romper el hielo.
- **Proponerle veros o llamaros.** Así la conversación o encuentro será más profundo.

73

Tu *wishlist* de **planes** con otras **personas**

Antes de proponer nuevos planes a los demás, es importante que reflexiones sobre las actividades que realmente te gustaría hacer con ellos. Muchas veces repetimos los mismos planes porque no nos hemos parado a pensar qué otras actividades nos harían disfrutar aún más del tiempo que pasamos con el resto.

Para empezar, te animo a que te hagas estas preguntas:

- ¿Hay actividades que antes disfrutaba y que ahora he dejado de hacer?
- ¿Hay alguna experiencia que me gustaría probar al menos una vez en la vida?
- ¿Qué actividades de las que suelo hacer solo o sola disfrutaría más con compañía?
- ¿Qué tipo de planes sociales suelo disfrutar más?
- Si pienso en momentos en los que realmente disfruté de la compañía..., ¿qué estábamos haciendo? ¿Por qué fue especial?

Estas preguntas te ayudarán a reflexionar sobre el tiempo que pasas con otras personas y sobre las actividades que sueles disfrutar. Ahora crea tu propia lista de deseos para tus planes.

Piensa en actividades de diferentes tipos y categorías. Aquí tienes algunas ideas para inspirarte:

- **Deportivas:** patinaje, senderismo, surf, escalada, buceo, yoga...
- **Creativas:** cerámica, pintura, hacer pulseras, cocina, manualidades...
- **Culturales:** cine, museos, conciertos, teatro, charlas interesantes...
- **Juegos en grupo:** *escape rooms*, torneos de juegos de mesa, concursos de cocina, *paintball*...
- **Descubrir nuevos lugares de tu ciudad:** cafeterías, restaurantes, parques, lugares curiosos...

- **Aprendizaje:** cursos de idiomas, sexualidad, fotografía, cocina, historia del arte, clases de bachata...
- **Actividades con propósito:** participar en una maratón solidaria, hacer voluntariado, donar sangre...

74

Innova en tus planes **sociales** y rompe con la rutina

Es sencillo que en nuestras relaciones sociales acabemos cayendo en la monotonía. **Sin darnos cuenta y sin quererlo acabamos repitiendo los mismos planes una y otra vez.** Por ejemplo:

- Citarnos para tomar algo y ponernos al día con nuestros amigos.
- Comer con la familia los domingos.
- Quedar con nuestra pareja para ver Netflix o cenar.

La falta de planificación nos lleva a hacer lo de siempre cuando otros planes podrían llenarnos mucho más. Es momento de empezar a hacer cosas diferentes con las personas con las que sueles pasar tiempo (o al menos poner de tu parte para que así sea). Piensa en cada persona o grupo con los que sueles quedar y lanza esta pregunta: «¿Y si la próxima vez hacemos un plan nuevo o diferente?». Después propón hacer alguna de las actividades que antes has escrito en tu lista de deseos. Puedes hacerlo de esta forma:

- «Este domingo hay un mercadillo en el centro, ¿te gustaría que fuésemos?».
- «El otro día probé un juego de mesa superdivertido, ¿y si quedamos para jugar una noche después de cenar?».
- «He visto que hacen un curso de cocina los jueves por la mañana y voy a apuntarme, ¿te gustaría hacerlo conmigo?».
- «Por las tardes este museo es gratis y he pensado que podría apetecerte ir. ¿Qué tal si vamos juntas?».

Vivir experiencias con otras personas hace que generemos recuerdos significativos y que se fortalezcan nuestras relaciones. Conectar con los demás no es solo estar uno al lado del otro mientras hacemos algo, o quedar para ponernos al día o para hacer el mismo plan de siempre, sino tratar de compartir momentos significativos y experiencias que nos sumen.

75

Pasar **tiempo** de calidad con los demás

Muchas veces estamos físicamente con otras personas, pero nuestra mente no está presente porque estamos revisando nuestro teléfono, dándole vueltas a algún tema que nos preocupa, pensando en todo lo que tenemos que hacer o no escuchando de verdad a quien tenemos delante. **Si pasamos tiempo con alguien sin estar del todo presentes, ¿qué diferencia hay con no haber compartido ese momento?**

A partir de ahora, quiero que te fijes en si realmente sueles estar presente en las interacciones con los demás. Responder a estas preguntas después del encuentro te puede ayudar a comprobarlo:

¿Tienes recuerdos de los temas que se han hablado en la conversación?

¿Cuáles han sido los puntos importantes del encuentro?

¿En algún momento has desconectado de lo que estabais hablando?

¿Te has sumergido en la conversación?

¿Cómo crees que se sintió la otra persona mientras hablabais?

¿Consideras que ese encuentro te aportó algo?

Te propongo que, a partir de ahora, antes de quedar con otras personas, te pares un momento para decirte a ti mismo: «Voy a prestar atención todo el tiempo, voy a estar aquí, presente, porque esta persona me importa y se lo merece».

Si sueles sentir que tiendes a coger tu móvil mientras estás con otras personas que quieres, decide conscientemente dejar de usarlo en tus encuentros y pregúntate por qué eso es importante para ti. Con esa respuesta en la cabeza, puedes evitar la tentación de revisarlo. Guarda tu teléfono para que no esté a la vista o ponlo en modo avión para que las notificaciones no te distraigan.

Si ves que las otras personas suelen desconectar de las conversaciones y de lo que ocurre por este mismo motivo, proponles no coger el móvil durante el tiempo que paséis juntos, o al menos no de forma tan continuada. Como idea, podéis guardar todos los móviles en un mismo lugar sin poder acceder a ellos durante el encuentro para que no interfieran en él.

76
Una buena **planificación** es garantía de éxito

Al igual que organizas tus compromisos laborales, también puedes organizar tu vida social. Estamos muy acostumbrados a reservar tiempo para reuniones, exámenes o entregas, pero no para los planes sociales. **A veces queremos hacer planes diferentes, pero, cuando llega el momento, vemos que ya es tarde: muchas personas ya tienen otros compromisos o no hay tiempo ni posibilidad de organizarlo.** Al igual que somos menos productivos cuando no planificamos bien el trabajo, no organizar nuestra vida social nos hace acabar cayendo en la monotonía.

En lugar de dejar que los planes surjan al azar, bloquea espacios en tu calendario para pasar tiempo con las personas que quieres ver. Esto no significa que todos los encuentros que hagas tengan que estar planificados previamente y a la perfección, pero sí que te hace comprometerte a dedicar tiempo durante la semana para conectar con los demás.

Piensa en personas con las que te gustaría pasar más tiempo y toma la iniciativa para proponer encuentros. Podéis crear algún ritual social como:

- Una vez al mes, una persona de tu grupo de amigos organiza una actividad sorpresa para todos.
- Una vez a la semana, tú y tu mejor amiga probáis una nueva cafetería.
- Una vez cada tres meses visitas a tu familia, que vive en otra ciudad, te visitan ellos a ti o hacéis alguna escapada.

Al organizar mejor tu tiempo libre, no solo dejarás de hacer siempre los mismos planes, sino que podrás aprovechar el tiempo que tienes para conectar con los demás. Cuando lleves una temporada aplicando esta herramienta, hazte las siguientes preguntas para ver si has cumplido con tus objetivos:

- ¿Organizar tus planes sociales te ha permitido hacer cosas más interesantes?
- ¿Cómo cambian las experiencias cuando las organizas con tiempo?
- ¿Por qué crees que en muchas ocasiones es necesario planificar los planes sociales con antelación?

77
Deja espacio a la improvisación: el equilibrio es la clave

¿Cuántas oportunidades de pasar un rato con otras personas has perdido por pensar que nadie tendría tiempo? Es muy frecuente que, por ejemplo, tengamos muy normalizado quedar con los demás los fines de semana. Sin embargo, es muy normal que estés libre un martes a las 8 de la tarde. Te apetecería hacer algún plan social sencillo, pero no lo propones porque piensas que nadie podrá. Cuando esto te ocurra, no des nada por hecho: quizá alguno de tus amigos se sienta igual que tú y, si se lo propones, le alegrarás el día con la propuesta. **A veces un plan improvisado puede ser justo lo que necesitas… y puede que también lo sea para la otra persona.** Puedes proponerlo con algunos mensajes como los siguientes:

- Oye, tengo un rato libre esta tarde y me ha apetecido quedar contigo, ¿te gustaría dar una vuelta?
- Estoy por tu zona, ¿te apetece que tomemos un café?
- Estaba tirado en el sofá sin nada que hacer y he pensado que, a pesar de ser miércoles, podríamos hacer algo. Es el día del espectador, ¿y si vemos una peli en el cine después de cenar?

Una idea extra: haz una lista de quienes crees que son tus amigos o familiares más flexibles y que más disfrutan de los planes improvisados para intentarlo con ellos cuando tengas un rato libre.

78

Utiliza **planes** productivos para poder conectar con los demás

En muchas ocasiones nos cuesta encontrar momentos y tiempo para ver a nuestros seres queridos porque estamos absorbidos por nuestras obligaciones. Una idea para controlar esto puede ser probar a compartir el tiempo productivo con otras personas. **Así, sentiremos que mantenemos y cuidamos nuestros vínculos sin dejar de hacer nuestras tareas pendientes.** ¿En qué situaciones podrías aplicar esto? Aquí tienes unos ejemplos:

- **Estudiar o trabajar.** Estas son actividades que muchos de nosotros hacemos solos. Compartir esas horas con alguien puede tener muchos puntos positivos. Ir a una cafetería, biblioteca o *coworking* pueden ser algunas ideas. Aunque no habléis durante la actividad, podéis compartir el tiempo de descanso o el trayecto hacia el lugar donde vais a trabajar o a estudiar. Así os haréis compañía.
- **Hacer compras.** Desde buscar un regalo o hacer la compra semanal hasta mirar un *outfit* para un evento. En muchas ocasiones pueden ser tareas hacia las que sintamos cierta obligación. Compartirlas con alguien puede hacer que se vuelvan más divertidas y podemos aprovecharlas para conversar.
- **Aprovechar los trayectos.** Puede que vayas al trabajo en coche o metro cada día y que haya algún compañero o

compañera de trabajo que haga un trayecto similar. Compartir este trayecto puede ser una buena idea.

Y, como estos, hay muchos más ejemplos de momentos que podemos compartir con otros: hacer deporte, compartir el tiempo de comida o cena, asistir a formaciones, cursos o talleres, etc.

79

Averigua el lenguaje del amor de tus seres queridos y el tuyo

Piensa en varias personas cercanas a ti, que te importan mucho; por ejemplo, tu pareja, tu hermana y tu madre, y piensa sobre su forma de expresar y recibir amor. Hazte las siguientes preguntas:

¿Con qué cosas considero que esa persona se siente querida y feliz?

Cuando quiere demostrar amor, ¿cuáles son los gestos que tiene hacia el resto?

¿Cuál es su forma de reaccionar cuando le hacen cumplidos, favores o le dedican tiempo?

¿Hay algo que valore en las interacciones con los demás? ¿Cómo le gusta que le demuestren afecto?

Tras reflexionar con las preguntas anteriores, une los lenguajes del amor expuestos al principio del capítulo con estas personas. Este podría ser un ejemplo: «Creo que los lenguajes del amor de mi madre son actos de servicio y tiempo de calidad, porque valora mucho cuando la ayudo con las tareas sin que me lo haya pedido y siempre trata de pasar tiempo conmigo sin distracciones».

Analizar los lenguajes del amor de tus seres queridos puede ayudarte a saber cómo enfocar el tiempo que le dedicas a cada una de esas personas y qué cosas hacer por ellas y por vuestra relación. Por otro lado, analizar tu propio lenguaje del amor y compartirlo con el resto también puede ser muy enriquecedor para tus relaciones, ya que no solo mejorará la forma en la que conectas con los demás, sino que también el resto de personas se esforzarán por llegar a ti de una forma más significativa y que valores más. ¡Haz las dos cosas para poder proponer planes enriquecedores y que te llenen tanto a ti como a la otra persona!

80
Conversaciones que **conectan**

Hablar con tus seres queridos supone un gran pilar de nuestros encuentros: las otras personas nos cuentan cómo están, qué les ha pasado, cuáles son los últimos cambios en su vida... Pero, a pesar de eso, a veces hablamos con los demás sin estar realmente escuchando, sin implicarnos demasiado y sin profundizar en las conversaciones. **Estar activos en una conversación es muy importante para fortalecer nuestras relaciones.**

Cuando hables con alguien puedes empezar a **hacer preguntas abiertas** que permitan a la otra persona seguir expresándose y profundizar en la conversación. Algunas ideas son las siguientes: ¿cómo reaccionaste cuando eso ocurrió? ¿Pudiste dormir bien ese día? ¿Cómo empezó todo? Por otro lado, puedes **reformular lo que te ha contado** para que la otra persona sepa que realmente has escuchado y verificar que has entendido lo que te cuenta.

Después de aplicar estas dos estrategias, puedes proponer jugar a juegos de preguntas que generen conversaciones interesantes para evitar caer en temas banales que no nos permiten conocer tanto a los demás. Podéis coger un tarro e ir metiendo en papelitos diferentes preguntas que os parezcan divertidas, interesantes o de debate. Échale imaginación a esto porque puede ser un espacio muy entretenido. Existen juegos que te ayudan con temáticas o preguntas y pueden facilitar el ejercicio, pero, por si ahora mismo no los tenéis al alcance, te muestro algunos ejemplos para que veas cuál puede ser el estilo de las preguntas:

- ¿Cuál es el recuerdo más vivido que tienes de tu infancia?
- ¿Qué es lo más divertido que te ha pasado este año?

- ¿Piensas que existe vida más allá de la Tierra?
- ¿A qué te dedicarías si no fuera a lo que haces ahora?
- ¿Preferirías poder volar o poder ser invisible?
- ¿Cuándo fue la última vez que lloraste y por qué?
- ¿Hay alguna vivencia que te haya cambiado la vida?
- ¿Perdonarías una infidelidad?
- ¿Qué es lo que realmente te da envidia sana de alguien?
- ¿Qué es lo más importante para ti en una relación?

La idea es que vayáis sacando pregunta a pregunta y las vayáis respondiendo mientras comentáis vuestro punto de vista de cada una de ellas. Este tipo de actividades ayudan a generar un alto nivel de conexión e intimidad al compartir opiniones personales, experiencias que nos han marcado o anécdotas divertidas.

Las **relaciones** significativas no ocurren por casualidad: requieren de **tiempo**, esfuerzo y atención. **Conectar** con los demás no **siempre** precisa de grandes gestos, sino de demostraciones **frecuentes** que vayan **fortaleciendo** los vínculos **con el tiempo.**

TIEMPO PARA TI

mismo

Vivimos en un mundo que nos empuja constantemente a hacer más, a ser más productivos, a aprovechar cada minuto del día. Parece que el descanso sea un privilegio y no una necesidad, y que cada momento de pausa necesite una justificación válida. Nos hemos acostumbrado a medir nuestro valor en función de cuántas tareas completamos, de lo ocupada que está nuestra agenda y de la cantidad de actividades que podemos hacer en un solo día. ¡Pero la vida no se trata solo de productividad! **El equilibrio es clave.** Organizar nuestro tiempo con estrategia no solo nos ayuda a ser más eficientes, sino que también nos permite reservar momentos para descansar, desconectar y, entre muchas otras cosas, disfrutar de momentos con nosotros mismos. Sin embargo, la idea de pasar tiempo en soledad sigue generando incomodidad: si me gusta hacer cosas a solas, ¿significa que no tengo amigos suficientemente cercanos? ¿Quiero menos a mi gente si un día no me apetece estar con ellos? ¿Por qué accedo a hacer planes con gente cuando lo que quiero realmente es quedarme tranquila en mi casa y ver una peli?

Es curioso cómo podemos querer tener más tiempo libre y, cuando finalmente lo tenemos, sentirnos mal por no llenarlo de actividades. Qué contradicción, ¿verdad? Dormimos la siesta muy poco tiempo y nos despertamos con culpa por parar ese rato, como si hubiéramos hecho algo malo. Sentimos que deberíamos haber aprovechado ese tiempo para ser más productivos, como si descansar fuera egoísta o innecesario. No nos permitimos parar ni un segundo porque nos han enseñado que estar ocupados nos da objetivos y sentido a la vida, que el silencio es incómodo y que debemos evitar estar solos.

El tiempo que pasamos a solas no es tiempo vacío

Los momentos que pasamos con nosotros mismos no son tiempo que perdemos. Lo tenemos que ver como una oportunidad. ¿Y si, en lugar de evitar esos momentos, los buscáramos activamente? Hay experiencias que únicamente podemos disfrutar plenamente cuando estamos solos. Momentos en los que podemos explorar nuestros intereses sin la influencia de los demás, aprender a nuestro propio ritmo, potenciar nuestra creatividad sin presiones y ser completamente auténticos sin miedo al juicio de los demás. Pero, en lugar de valorar estos momentos, solemos evitarlos. Nos da miedo realizar actividades solos, como si únicamente pudiésemos disfrutar de la vida en compañía.

Muchas veces posponemos planes porque nadie se anima a hacerlos con nosotros. Nos convencemos de que ir a un restaurante solos es raro, que viajar sin amigos será aburrido, que ir al teatro o al cine sin alguien conocido que nos haga compañía nos hará sentir fuera de lugar y la gente nos mirará de forma extraña. **Pero ¿cuántas experiencias nos estamos perdiendo solo por esperar a que alguien más quiera acompañarnos? ¿Por qué dependemos de la validación externa para disfrutar de nuestro tiempo?** El miedo a estar solos nos ha hecho olvidar lo increíble que puede ser no depender de nadie más para hacer lo que queremos. No hay que negociar planes, no hay que adaptarse a los gustos de los demás, no hay que hacer cosas que realmente no nos apetecen.

Podemos dedicarnos exactamente a lo que queramos, a nuestro ritmo, disfrutando de cada momento sin distracciones. Tener la capacidad de adaptarnos a otros es maravilloso e importantísimo, pero disfrutar de momentos en los que poder hacer lo que nos da la gana sin tener que preguntar a los demás o pensar si realmente están disfrutando ese plan también es necesario.

¿Y si me aburro?

El aburrimiento: ese estado del que tanto huimos, pero que en realidad es más necesario de lo que creemos. Nos hemos acostumbrado a llenar cada minuto con actividad, a evitar cualquier momento de vacío con distracciones: el teléfono, la televisión, las redes sociales. Pero aburrirse es realmente importante.

Es en esos momentos cuando nuestra mente se va a otra parte, cuando nacen las ideas más creativas, cuando realmente podemos escucharnos. **No siempre hay que estar ocupado, no siempre hay que estar rodeado de gente.** A veces, lo mejor que podemos hacer por nosotros mismos es simplemente no hacer nada.

Pero ¿qué significa realmente «no hacer nada»? No significa desperdiciar el tiempo, sino permitirnos pausas sin sentirnos culpables. Puede ser algo tan simple como salir a caminar sin un destino concreto, sentarnos a ver la lluvia caer por la ventana, pintar durante un rato cada sábado, escribir sin esperar publicar un libro, bailar en el comedor mientras escuchas música... Son momentos en los que no buscamos un resultado, sino simplemente disfrutar del proceso.

Las ventajas de ser independiente

Aprender a estar solos y disfrutar de nuestra propia compañía sin culpa ni miedo es una tarea que no resulta fácil pero que es clave para averiguar qué es lo que realmente queremos y conocernos de verdad a nosotros mismos.

No necesitamos esperar a nadie para hacer lo que realmente queremos. **Si siempre dependemos de los demás, corremos el riesgo de que nuestros sueños queden atrapados en la duda o en la falta de disponibilidad de otros.** Porque la vida no se trata solo de hacer más, sino de hacer lo que realmente nos aporta. Viajar, aprender algo nuevo, emprender un proyecto o simplemente disfrutar de un momento especial no debería estar condicionado por la compañía de otra persona. La vida sigue avanzando, y esperar a que las circunstancias sean perfectas para otros o que alguien nos acompañe solo nos aleja de tener experiencias que pueden ser muy valiosas para nosotros. Aprender a disfrutar de nuestra propia compañía y a tomar la iniciativa nos da libertad, nos fortalece y nos acerca a la vida que realmente queremos vivir.

Porque, en realidad, es en esos momentos de calma donde descubrimos quiénes somos y qué es lo que realmente queremos. Al final, la relación más larga y constante que tendremos en la vida es con nosotros mismos. ¿No crees que vale la pena trabajar en ella?

Herramientas para sacar partido al tiempo que pasas contigo

81

La importancia de dedicarte **tiempo**. ¿Cuánto tiempo te dedicas?

Pasar tiempo a solas puede incomodarnos. Es muy sencillo buscar distracciones o tratar de llenar nuestra agenda con tal de evitar a toda costa esos momentos. Pero ¿alguna vez te has parado a pensar en qué es lo que te pierdes por no dedicarte tiempo? Hay cosas que solo podemos hacer cuando estamos solos, y, si no disponemos de ese tiempo, podemos perdérnoslas.

Piensa en las últimas semanas: ¿cuánto tiempo has pasado de calidad contigo? Sin distracciones tecnológicas, sin nadie a tu lado y haciendo algo que realmente te aporte. Ahora hazte estas preguntas:

- ¿Qué partes de ti dejas de lado cuando no te dedicas tiempo personal?
- ¿Qué sientes cuando estás a solas? ¿Qué sueles hacer?
- ¿Qué beneficios tiene estar solo?
- ¿Consideras que hay actividades que necesariamente tienes que hacer sin otras personas? ¿Crees que las haces lo suficiente?

82

Agenda citas **contigo** mismo: te **mereces** tiempo de calidad

Al igual que organizamos planes con amigos, familiares o pareja, también debemos reservar tiempo para estar con nosotros mismos. Para poner orden en tu cabeza y comprometerte de verdad contigo, organiza tus eventos. Puedes hacerlo de forma mensual. Enumera los planes que no haces de forma rutinaria, que realmente disfrutas y que no te gustaría dejar. Trata de agendarlos en tu *planning* mensual.

Por ejemplo:

No todos los planes tienen que durar un día completo; pasar largos periodos a solas no siempre es fácil. Sé realista y organiza tu tiempo de manera equilibrada.

83

Nombra planes que te da miedo hacer solo

Es normal sentir dudas o incomodidad al pensar en hacer ciertos planes sin compañía. Estamos demasiado acostumbrados a compartir lo que hacemos con otros y hacer las cosas por nuestra cuenta nos puede parecer raro o incluso triste. Pero ¿y si estuvieras perdiéndote experiencias increíbles solo por esperar a que los demás se apunten?

Puede que te hayan invitado a una boda en la que no conoces a nadie más que a los novios, que lleves tiempo soñando con hacer un viaje pero nadie pueda ir contigo o que te apetezca ir a un monólogo y no tengas quien te quiera acompañar. Y te quiero lanzar esta pregunta: **¿por qué quedarte con las ganas de hacer algo solo porque nadie más se anime?**

Compartir es maravilloso, pero hacerlo solo también puede ser una gran oportunidad para sentir las experiencias más intensamente y con más libertad para decidir (porque no tienes que adaptarte a lo que el resto quiere o prefiere), para abrirte a otras versiones de ti en ambientes nuevos estando solo o sola, para conocer gente a la que igual no conocerías yendo a ese sitio con alguien más y para descubrir si realmente te gusta pasar tiempo contigo y ver qué planes disfrutas más a solas.

Por ello, quiero proponerte rellenar un cuadro con los planes que te gustaría hacer, pero no te atreves porque nadie se anima, que pienses por qué te da miedo llevarlo a cabo a solas y que reflexiones sobre qué beneficios podría tener lanzarte a hacerlo sin esperar a nadie.

Ejemplo:

Planes que me gustaría hacer pero no me atrevo porque nadie se anima	Razones por las que me da miedo hacerlo solo	Beneficios de lanzarme a hacerlo sin esperar a nadie
Apuntarme a clases de salsa.	Me da miedo enfrentarme solo a esa situación.	Abrirme más fácilmente a conocer a gente nueva.
Hacer un viaje de fin de semana.	Me preocupa que no sea tan divertido como hacerlo con alguien.	Descubrir que viajar solo es guay y tener libertad durante el viaje para hacer lo que quiera.
Ir a la feria del manga.	Me da vergüenza que me vean solo y crean que no tengo amigos.	Sentirme capaz de hacer cosas solo y ser más autónomo.

84

Lánzate a hacer uno de esos planes que has nombrado antes

Lee los planes que antes has escrito, elige el que más sencillo te parezca y, cuando encuentres el momento (no esperes demasiado, que nos conocemos), hazlo.

Antes de empezar o mientras estás en ello puede que aparezcan pensamientos que te incomoden como: «¿Que va a pensar la gente de alrededor?», «¡Qué vergüenza estar solo entre tanta gente que se conoce entre sí!». Si te ocurre esto, te propongo que identifiques esos pensamientos cuando aparezcan por tu mente, y respondas a ellos. La mayor parte de la gente está centrada en ellos mismos y las personas que le acompañan, no están tan pendientes de los demás, y, aunque lo hicieran, ¿debería importarte?

Cuando termines con esta primera actividad, pregúntate:

- ¿Realmente necesitaba que alguien lo hiciera conmigo para disfrutar?
- ¿Cómo me siento tras haberme lanzado a hacerlo solo?
- ¿Ha sido más sencillo de lo que creía?
- ¿Qué fue lo mejor de esta experiencia? ¿Qué he aprendido?
- ¿Me ha motivado a hacer cosas sin esperar que otros se unan?

85
Ocio sin **presión**

Estamos tan acostumbrados a ser productivos y a exigirnos el máximo en todo que incluso las actividades que hacemos por ocio acaban llenándose de expectativas: si pinto, tiene que quedar bonito; si cocino, me debe salir perfecta la receta; si leo, tengo que aprender cosas útiles; si nado, tengo que hacer un número determinado de largos. Con esta herramienta te invito a romper con esta mentalidad y a que descubras de nuevo cómo se siente hacer algo solo por disfrutar de la actividad en sí y del proceso sin pensar en el resultado.

Lo primero es elegir una actividad que te llame la atención o que te guste, pero que nunca hagas porque no se te da bien o no te sirve para nada. Aquí tienes unos ejemplos:

- Experimentar en la cocina sin pretender que salgan platos de revista.
- Pintar aunque sientas que lo haces como un niño.
- Bailar a pesar de que pienses que eres arrítmico.
- Escribir la historia que tienes en la cabeza, pese a que crees que es absurda.
- Hacer manualidades aunque no queden como las de Pinterest.

Lo bonito de esta herramienta es que no te exige mejorar en esa actividad ni intentar ser bueno en ella, solo tienes que disfrutar del proceso de hacerla. Puede que te dé la sensación de estar perdiendo el tiempo si no sale tan bien como te gustaría. Si esto sucede, reconoce la sensación y recuerda que es momento de descansar y disfrutar, y que eso también es necesario.

Cuando des por terminada la actividad, pregúntate: ¿ha sido divertido? ¿Me ha relajado? ¿Me gustaría repetirla en otro momento? Fíjate en cómo te has sentido, si has podido disfrutar, y nombra las sensaciones que han aparecido tanto al empezar, como durante el proceso y al terminar. **¿Hace cuanto tiempo que no te sentías así?**

86

Permítete parar y hacer lo que te **apetezca** en momentos puntuales

Vivimos tan focalizados en ser productivos que sentimos que cada minuto debe tener un objetivo. Y, si no lo tiene, nos sentimos culpables. Pero ¿y si pensamos en que descansar y hacer lo que nos pide el cuerpo es el propósito en sí y, por tanto, es productivo?

Escuchar a nuestro cuerpo y hacer lo que nos pide también es aprovechar el tiempo, solo que de una forma a la que no estamos acostumbrados. Ahora hazte estas preguntas:

¿Cuándo fue la última vez que hiciste caso a tu cuerpo y te permitiste descansar sin sentir que estabas perdiendo el tiempo?

¿Qué mensajes te manda tu cuerpo que te transmiten que necesita parar un poco y que le escuches? Cansancio, desconcentración, tensión, irritabilidad, dolores...

Conocer nuestro cuerpo y las sensaciones que solemos sentir es crucial para tomar decisiones. A veces nos manda mensajes, y escuchar lo que nos pide es muy importante.

- **Si necesitas moverte,** puedes poner música y bailar sin pensar en si lo haces bien o no y cómo se te verá desde fuera, simplemente disfrutando.
- **Si necesitas desconectar un poco de la realidad en este momento y reírte,** igual te ayuda permitirte hacer *scroll* en redes y mirar vídeos que te hagan reír sin culpabilidad.
- **Si necesitas descansar,** puede que te vaya bien cerrar los ojos, respirar profundamente y dormirte sin poner alarmas que te interrumpan.

87

Hacer **deporte** con el fin de que te ayude más allá de para mejorar tu forma **física**

El deporte es una de las mejores actividades que puedes hacer a solas. No solo mejora tu salud física y previene enfermedades, sino que también transforma tu salud mental. Hacer deporte te puede ayudar a sentirte mejor y a liberar tensiones, a comprometerte contigo, a pensar, a aprovechar el tiempo, etc.

Más allá de todos los beneficios enumerados, el deporte puede convertirse en un espacio personal para conectar contigo de una forma más profunda. Te propongo hacer un cambio de perspectiva: en lugar de ver el deporte como una obligación o algo que haces con el único fin de verte mejor frente al espejo, trata de convertirlo en un momento para ti.

- **Como desconexión.** Si tu cabeza suele ir a mil por hora y estar pendiente de todo, hacer deporte puede ayudarte a frenarla para que se relaje.
- **Como fuente de inspiración.** Puedes aprovechar que estás en movimiento, haciendo una actividad para la que no tienes que pensar, para reflexionar sobre tus objetivos, ideas o incluso para tomar decisiones.
- **Para descargar.** Si has tenido un día largo e intenso tal vez tengas la sensación de que debes liberar tensiones. Deportes más intensos como el *running* o el boxeo te permitirán acabar agotado.

¿Qué otros beneficios puede tener para ti el deporte?

Para que esta herramienta funcione, es importante buscar el tipo de deporte que encaja contigo. No importa qué deporte hagas, no tienes que ser profesional ni alcanzar ninguna marca, lo esencial es que te sientas cómodo o cómoda con él; que a la vez que te ayuda a cuidar de tu salud, disfrutes y te aporte los beneficios que anteriormente hemos nombrado. Elegir un deporte puede ser difícil. Por ello, estas son algunas preguntas que te servirán para reflexionar sobre el deporte y acercarte a los que podrías disfrutar más:

- ¿Prefieres deportes al aire libre o en espacios cerrados?
- ¿Te gusta hacer una única actividad o prefieres ir combinándolas?
- ¿Disfrutas más de hacer deporte con otras personas o prefieres hacerlo a solas?
- ¿Te gustan más los deportes tranquilos o buscas intensidad?
- ¿Qué emociones o estados mentales te gustaría conseguir (descarga, desconexión, claridad mental, inspiración...)?

El mejor deporte para ti es ese que no solo te pone en movimiento, sino que también te hace sentir bien física y mentalmente.

88

Encuentra tu deporte: no todos te tienen que gustar ni se te tienen que dar **bien**

Cuando pensamos en elegir un deporte solemos imaginar las opciones más típicas: correr, ir al gimnasio o nadar, pero hay muchas más opciones y seguramente no hayamos probado la mayoría de ellas.

Puede que, cuando pienses en un deporte para practicar a partir de ahora, lo identifiques fácilmente, pero si no esta herramienta tiene como objetivo que encuentres esa actividad que es adecuada para ti.

Puede que muchas veces hayas tratado de empezar, le hayas dado una oportunidad a una actividad deportiva y finalmente lo hayas acabado dejando, y quiero transmitirte esta idea: **no es que seas poco constante o que valgas menos que el resto, simplemente puede que no hayas encontrado todavía el deporte adecuado para ti**.

Quiero proponerte que PRUEBES. Esta vida va de probar, de equivocarse y de dar nuevas oportunidades. Encontrar tu deporte puede costar mucho, pero ¿y si te dijera que tal vez estés a un deporte de encontrar el tuyo? ¿En ese caso dejarías de buscarlo? ¿A que no? ¡Pues vamos allá! Que no lo hayas encontrado aún no significa que no exista.

Como este capítulo trata de transmitir la idea de que tienes que implicarte en actividades que te aporten y de que es importante tener independencia para ello y no necesitar de otras personas, pasar tiempo haciendo deporte es seguramente una de las mejores opciones para aprovechar nuestro tiempo en actividades que nos beneficien.

Haz una lista de los deportes que te llaman la atención y clasifícalos en diferentes categorías.

Ejemplos de deportes:

Al aire libre	De resistencia o fuerza	En grupo	Relajados	Divertidos
Surf	Gimnasio	Pádel	Yoga	Baile
Correr	Calistenia	Baloncesto	Pilates	Escalada
Ciclismo	*Crossfit*	Vóley	Natación suave	Patinaje

Vas a ir probándolos y al terminar la sesión de cada uno de los deportes, reflexiona sobre si te has divertido, cómo te has sentido al terminar (motivado, relajado, aburrido, cansado, orgulloso...), piensa si te verías repitiendo de forma frecuente ese deporte, si consideras que es beneficioso para tu salud y si para ti es accesible. Al reflexionar sobre todas estas cosas, puntúa mentalmente cada uno de los deportes. Elige varios finalistas y prueba de nuevo solo esos deportes la próxima semana. Poco a poco, ve descartando los que no creas que son para ti y ve compaginando aquellos que hayas disfrutado más con los que sabes que mejoran tu salud.

89

Vuelve a **conectar** con tu niño interior

Normalmente nos gusta recordar el pasado: revivir historias, mirar fotos antiguas, volver a ver películas que nos encantaban cuando éramos niños... Y es que reconectar con tu niño interior puede ser una actividad muy bonita y emocionante a la vez.

Piensa en tu minitú:

- ¿Qué cosas te hacían feliz?
- ¿Cuáles eran las actividades que más te gustaba hacer?
- ¿Con qué actividades perdías la noción del tiempo porque te encantaban?
- ¿Qué juegos eran tus favoritos?
- ¿Hacías algo a solas que te encantaba?
- ¿Cuándo fue la última vez que hiciste alguna de esas actividades?

Al hacernos mayores, vamos olvidándonos de actividades que hacíamos de pequeños y que nos encantaban porque creemos que son una pérdida de tiempo o cosas de niños. Pero retomar esas actividades de la infancia nos puede llevar de nuevo a donde nos llevaba hacerlas antes: **disfrutar por el simple hecho de hacerlas, sin pensar demasiado ni tener altas expectativas con lo que hacemos**. El objetivo es recuperar aquello que te hacía feliz. Normalmente los niños no se fijan tanto en el resultado, simplemente se centran en disfrutar. Elige alguna de las actividades que hayas nombrado y vuelve a hacerla, revive esos momentos, pensamientos y emociones que hace años formaban parte de tu rutina.

- Vuelve a jugar a ese juego con el que pasabas horas en tu infancia.
- Haz de nuevo ese puzle que en su momento terminaste con orgullo.

- Compra las chuches o *snacks* que siempre deseabas.
- Juega de nuevo con tus muñecos, peluches, Playmobil...
- Ve de nuevo tu serie o película favorita.
- Escucha el álbum que más te gustaba cuando eras pequeño.

Puede que recuperes alguna actividad que habías olvidado y que realmente te aportaba. A veces, la clave para disfrutar más del tiempo que pasamos solos no está en buscar cosas nuevas, sino en volver a lo que en su momento te hizo feliz.

90
Espacio para la **reflexión**

Es necesario e importante para ti utilizar el tiempo que tienes para ver cómo estás ahora, qué esperas del futuro, qué quieres lograr y experimentar, y cuáles son los recuerdos que te encantaría tener. **Con tanto ruido diario y tantas cosas que hacer cada día, muchas veces nuestros pensamientos quedan escondidos.** Hacerte preguntas, escribir lo que piensas y reflexionar da claridad a tus pensamientos y te resolverá muchas dudas. Existen multitud de actividades que puedes hacer con este objetivo, pero te propongo que de vez en cuando hagas la siguiente actividad:

LA CARTA EN EL TIEMPO

Esta herramienta te invita a escribir cartas para tu yo del futuro. Pero no vale cualquier carta, tienen que ser mensajes que te acompañen en momentos clave de tu vida. Imagina cómo te sentirás al leer tus propias palabras en esas situaciones importantes y lo bonito que sería poder hacerlo.

Aquí tienes algunas ideas de cartas que podrías escribir (son solo ejemplos, nadie sabe mejor que tú lo que te gustaría leer en un futuro):

- **Una carta para leer dentro de un año.** ¿Cómo imaginas que estará todo dentro de doce meses? ¿Qué te gustaría decirte? ¿Qué te apetece transmitirle a tu yo de dentro de un año de tu situación actual?
- **Una carta para leer dentro de diez años.** ¿Cómo crees que será tu vida? ¿Habrás cumplido tus sueños? ¿Qué consejos le quieres dar a la persona que la leerá?
- **Una carta para cuando consigas algo importante.** ¿Cómo piensas que te sentirás al conseguir eso por lo que tanto has luchado? ¿Qué te gustaría recordarte en ese momento de éxito?
- **Una carta para cuando atravieses una etapa difícil.** ¿Qué palabras te darías desde el presente? ¿Cómo tratarías de motivarte?

- **Una carta para una versión futura de ti (afrontar la paternidad o la maternidad, cambiar de ciudad o trabajo, etc.).** ¿Qué esperas de esta nueva etapa? ¿Qué te dirías desde el presente?
- **Una carta para leer cuando pierdas a alguien importante.** ¿Qué momentos te gustaría recordar con esa persona? ¿Crees que a tu yo del futuro le gustaría leer un mensaje de esa persona que puedes introducir en este momento?

Puedes añadir algún pequeño objeto, alguna foto o frase en la carta si lo deseas y crees que te gustará encontrarte con ellos en el futuro. Guarda todo en un sobre o una caja y escribe la fecha o el momento en el que la abrirás. Además de un ejercicio de reflexión y expresión, es un regalo que le haces a tu yo del futuro, a quien seguro que le encantará recibirlas.

Estar a solas y disfrutar de tu propia **compañía** no es nada malo; a veces, es en esos momentos donde podrás encontrar más respuestas y más conectarás **contigo**. El tiempo es el recurso más valioso que tienes, **¿cómo no ibas a reservarte una parte para ti?**

EL TIEMPO DE TU vida

Llevamos nueve capítulos y más de doscientas páginas hablando del tiempo, pero fíjate que todavía no sabemos bien lo que es.

Según la RAE, el tiempo es **«magnitud física que permite ordenar la secuencia de los sucesos, estableciendo un pasado, un presente y un futuro, y cuya unidad en el sistema internacional es el segundo»**.

Segundos, minutos, horas, días, semanas, meses, años, décadas, siglos, milenios... El tiempo es una forma de medir, pero ¿de medir qué? ¿Lo que dura algo? ¿Lo que separa acontecimientos? ¿O puede que sea la forma en que vivimos esos momentos? ¿Pasa para todos igual?

El tiempo no transcurre con la misma rapidez cuando estamos haciendo una actividad por obligación que cuando es por devoción, lo que nos lleva a pensar que el tiempo no solo se mide, también se experimenta.

Nos hemos pasado todo este libro hablando de utilizar el tiempo para medir minutos y horas, para hacer listas de cosas, para cumplir con objetivos, para planificar, para hacer lo que pone en nuestra agenda que tenemos previsto para hoy, para ser productivas... **Pero el tiempo es mucho más que todo esto.** Pocas veces nos paramos a reflexionar sobre lo que hacemos con nuestro tiempo, la calidad de este y el impacto que tiene invertirlo de una forma u otra tanto en nosotros como en los demás.

1.440 cada día

Imagina que cada día te levantaras con 1.440 euros en tu cuenta bancaria y que, al final del día, el saldo restante desapareciera, reiniciándose al día siguiente con otros 1.440. Ese dinero no podrías ahorrarlo ni enviárselo a nadie. Seguramente pensarías muy bien en cómo usarlo, ¿verdad? Pues cada día recibimos 1.440 minutos que, sin darnos cuenta, gastamos y nunca regresan. Lo único que podemos hacer es decidir en qué emplearlos. La pregunta es esta: ¿los estamos invirtiendo bien o simplemente los damos por hecho y dejamos que se esfumen?

El tiempo se va y no vuelve nunca

Una de las frases que más solemos repetir sobre el tiempo es: «Cuando tenga más tiempo, haré esto o lo otro». Sin embargo, hay otros momentos en los que decimos que estamos «matando el tiempo», porque no sabemos qué hacer con él y solo queremos que pase. **El tiempo que hoy no aprovechamos, no se acumula para otro día u otro momento. Se va y no vuelve.** Vivimos con la ilusión de que tendremos más tiempo en el futuro, pero es nuestro recurso más finito.

Empezar a ver el tiempo como un recurso que nos aporta muchísimo

Es muy frecuente demonizar el tiempo: «No llego a todo», «Me faltan horas», «Este tiempo no es suficiente»... Y, sí, es cierto que a veces sentimos que no tenemos suficientes horas, pero puede que sea este el momento de cambiar nuestra perspectiva. **¿Y si, en lugar de verlo como algo que nos falta, empezamos a verlo como un recurso que nos ha dado muchísimo?** Cada año que has vivido son 525.600 minutos. La diferencia no está en cuánto tiempo hemos tenido, sino en qué hemos hecho con él. El tiempo nos ha permitido amar, aprender, sanar, equivocarnos, intentarlo de nuevo... En resumen, gracias al tiempo, hemos seguido sumando momentos y experiencias. ¿Qué valor tiene todo eso?

Somos lo que hacemos con nuestro tiempo

Lo que hacemos con nuestro tiempo es nuestra historia, y va dejando atrás recuerdos, experiencias, aprendizajes, relaciones fortalecidas o rotas, ganancias o pérdidas y un largo etcétera. **Invertir de forma inteligente nuestro tiempo es muy importante, ya que ¿cuál es la huella que estamos dejando?** ¿Qué es lo que las personas de nuestro alrededor van a recordar de nosotros una vez que ya no estemos? Seguramente nadie recuerde la cantidad de tareas que terminamos, el número de másteres que hicimos o todos los trabajos a los que aspiramos y tuvimos, sino que más bien recordarán la forma en la que se sentían cuando estaban con nosotros, los momentos compartidos y la energía que transmitimos. Y, más allá de los demás, ¿qué será lo que recordemos nosotros? ¿Queremos ser simplemente testigos de una lista interminable de cosas hechas o protagonistas de una historia llena de momentos que nos hicieron sentir vivos?

Lo anterior, lo de ahora y lo que será

Este capítulo tiene como objetivo hacerte reflexionar sobre el tiempo desde una perspectiva distinta a la habitual. Dejar de mirarlo tanto como una herramienta con la que conseguimos ser productivos para ser capaces de mirar atrás y comprender que cada minuto que ha pasado nos ha llevado a ser lo que somos y a estar donde estamos. Pero también entender que cada minuto puede usarse como una oportunidad para vivir de una forma más consciente y significativa.

El futuro será pasado algún día y también lo podremos rebobinar. **Estás a tiempo de gastar bien tu tiempo.** Cuando miremos hacia atrás, ojalá podamos recordar muchos momentos que merecieron la pena y no solamente días llenos de cosas por hacer y actividades por terminar. ¿Qué quieres hacer con el tiempo que te queda?

Tu pasado: echar la vista atrás y dar valor a lo vivido

Los quince, veinticinco, cuarenta y cinco, sesenta o los años que tengas no son solo cifras, sino también la medida de las experiencias que te han convertido en quien eres hoy. Cada año ha sido un capítulo de tu vida lleno de momentos inolvidables, oportunidades aprovechadas o perdidas, errores que te han hecho crecer y victorias que te han demostrado de lo que eres capaz. **El tiempo ha sido testigo y cómplice de estos años mientras escribes tu historia.** El tiempo que va pasando es la vida que vas dejando atrás. El pasado es tiempo.

A lo largo de tu vida has vivido mucho, lo sabes mejor que nadie. Puede que mires atrás y sientas que no has hecho todo lo que querías o que no aprovechaste el tiempo como hubieras deseado. Pero también habrá momentos por los que te alegrarás de haber invertido bien tu tiempo. Y, si lo piensas, muchas de las cosas que hoy das por sentadas fueron sueños del pasado. El pasado no solo es tiempo que ya no volverá, también es la prueba que te permite ver todo lo que has vivido y que te demuestra que hoy sigues aquí.

Tu futuro: proyectar el tiempo con intención

Si el pasado es nuestra historia, el que nos ha traído hasta aquí y nos ha hecho ser quienes somos hoy, el futuro es un lienzo en blanco; un espacio vacío que tenemos la oportunidad de pintar a nuestro gusto. No se trata solo de imaginarlo ya terminado tal y como nos gustaría, sino de construirlo poco a poco, con intención y decisiones conscientes, sabiendo que cada trazo cuenta.

Cuando pensamos en el futuro no nos limitamos a fantasear con lograr grandes cosas, visualizamos una vida alineada con nuestros valores y prioridades. No se trata de llenar el tiempo con más actividades; el objetivo es aprovecharlo con las que realmente conectan contigo y te importan de verdad.

Cada día, casi sin darnos cuenta, vamos tomando pequeñas decisiones y realizamos actos que van dando forma a nuestra historia. Elegir levantarnos un poco antes que otros días para trabajar en ese proyecto que nos ilusiona, encontrar huecos en el día a día para dedicar tiempo a las personas que queremos, sacar tiempo para movernos, descansar o cocinar algo saludable... Cada una de esas acciones van formando la persona en la que te convertirás y la historia que contarás.

Y hablar del futuro sin hablar del miedo no tendría mucho sentido. Todos nosotros cargamos con muchos miedos: a que las cosas no salgan como imaginamos, a equivocarnos, a no llegar a tiempo, a no ser suficientes... **Pero hay algo que siempre pesará más que estos miedos: arrepentirnos por no haberlo intentado.** Algunas de las respuestas más frecuentes que nos dicen las personas mayores al preguntarles qué mensaje le darían a su yo de joven son las siguientes: «Vive», «Ama», «Arriesga», «Lucha por ese sueño», «No tires la toalla», «Haz lo que de verdad te gusta»... ¿Cuántas cosas no haces hoy porque temes fallar? ¿Cuánto te dolería que no salieran como quieres? ¿Y no te dolería más en el futuro pensar que ni siquiera lo intentaste?

Es sencillo dejarse arrastrar por la urgencia del día a día y posponer lo que realmente nos llena, diciéndonos que ya lo haremos mañana o cuando tengamos más tiempo. Pero siempre habrá algo que reclame nuestra atención. Por eso es muy importante no dejar que los días se llenen únicamente de tareas urgentes mientras lo importante sigue esperando su turno para recibir un esfuerzo y atención que nunca llegan.

Cuando mires hacia atrás el día de mañana, ¿qué huella te gustaría haber dejado? Cada minuto que tienes es una oportunidad para ir eligiendo quién serás y qué historia vas a contar. Y esa historia dependerá de cómo y en qué decidas gastar tu tiempo.

Herramientas para reflexionar sobre el tiempo de tu vida

91
Tu **reloj** de arena

Este es uno de esos ejercicios que sé que te encantan: mezcla reflexión con creatividad. Consiste en reflexionar sobre tu pasado, presente y futuro de una forma visual y metafórica. El reloj de arena se utiliza para medir el tiempo: por ello, tienes que coger un papel y un bolígrafo o lápiz y dibujar uno como el que verás a continuación.

El reloj tiene tres partes:

- **Parte superior. El futuro** → Lo que viene dentro de poco y vendrá en un futuro.
- **Parte central. El presente** → Lo que está sucediendo ahora.
- **Parte inferior. El pasado** → Lo que ya se vivió.

Dentro de cada una de las partes de tu reloj tienes que escribir:

- **Tiempo que viene.** Escribe o dibuja tus objetivos, sueños, aquello que quieres lograr, que deseas que ocurra. Algo así como lo que pondrías en un *vision board*: relaciones sanas, viajes, recuperación de amistades, terminar los estudios, encontrar un trabajo acorde a tus estándares, cuidar más tu cuerpo y mente, aprendizajes, cambios, aceptación corporal... Puedes pegar fotos que te inspiren.

- **Tiempo presente.** Reflexiona sobre cómo estás utilizando tu tiempo actualmente. Anota en la parte central las actividades a las que dedicas tu atención en el presente de forma regular: 4 horas en el trabajo, 4 horas en la universidad, 2 horas de estudio, 3 horas con el móvil, 1 hora haciendo deporte, 30 minutos leyendo...
- **Tiempo pasado.** Recuerda lo que quedó atrás, lo que ya pasó: momentos bonitos y duros, aprendizajes, relaciones que te han marcado, etapas terminadas, logros, dificultades, pérdidas de tiempo...

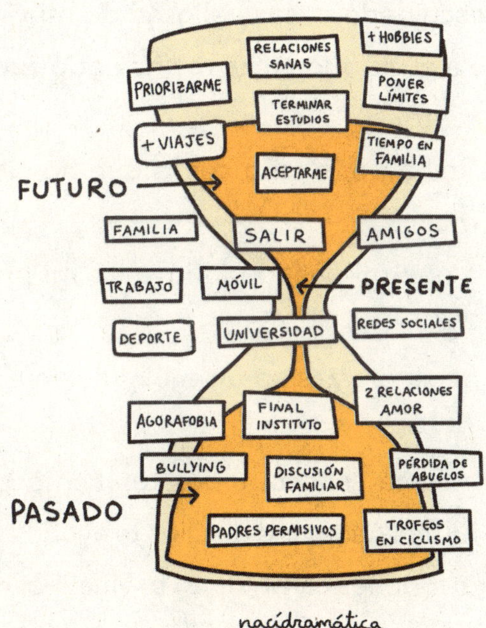

Una vez que lo tengas terminado, míralo y responde a las siguientes preguntas (y a las que a ti se te ocurran):

1. ¿Las actividades a las que dedico tiempo en el presente están conectadas con lo que he puesto en la parte superior de mi reloj?
2. ¿Hay actividades de mi día a día que no me aportan nada y que me alejan de mis sueños? ¿Debería reducirlas o eliminarlas?
3. ¿Qué actividades podría empezar a incluir en mis rutinas que me acerquen a lo que deseo en el futuro?
4. ¿Estoy viviendo el tipo de vida que me imaginaba hace unos años?
5. ¿Puedo empezar ahora esas cosas que siempre he pospuesto? ¿Estoy a tiempo?
6. ¿He descuidado cosas valiosas de mi vida por dedicar tiempo a otras que quizá me he dado cuenta de que no lo son tanto?
7. ¿Antes daba por hecho cosas que hoy echo en falta o valoro más?
8. ¿Siento que mi pasado influye en mi presente actualmente? ¿Por qué?
9. ¿Qué me da fuerzas para seguir adelante?

Esta herramienta conecta todos tus tiempos: el pasado, el presente y el futuro. Cada uno de ellos te ayuda a tomar decisiones y a incluir pequeños cambios en tu vida. Por ejemplo: «Voy a dedicar una hora menos al día a mi teléfono y la utilizaré para mover mi cuerpo». Tras hacer todo esto, haz de nuevo la parte central de tu reloj, pero esta vez refleja tu tiempo presente ideal.

92
El **álbum** de tu vida: conecta con tu pasado

El pasado influye en lo que somos hoy: nos enseña, nos transforma, a veces nos daña... En esta herramienta te propongo hacer un viaje por tu propia historia.

- **Crea un álbum de tu historia**

Siempre pensamos en imprimir fotos y reunir recuerdos físicos, pero la mayoría de las veces lo posponemos. Esta vez te invito a convertir esto en una actividad especial para conectar con tu pasado. **Divide tu vida en diferentes etapas significativas: infancia, adolescencia, juventud, adultez...**

Busca fotos, recuerdos, objetos, textos, canciones o cualquier cosa que te transporte a esos momentos y ve haciendo un collage con todas ellas para cada una de las etapas. Si no tienes fotos de algunos momentos, puedes dibujar o escribir sobre ellos. Añade una pequeña descripción para cada etapa: ¿con quién solías pasar tiempo? ¿Cómo te sentías en esa época? ¿Quiénes eran las personas más importantes para ti en ese momento?

- **Reflexiona sobre lo que has heredado**

Las personas que nos acompañan en nuestra vida nos van transmitiendo valores, ideas, formas de ver la vida, de llevar el día a día... Es momento de hacer una pausa y reflexionar. Piensa en tu familia y reflexiona sobre:

- **Lo bueno que te han transmitido y enseñado y que valoras.** Por ejemplo: planes juntos, estar siempre abiertos a compartir, unión especialmente en momentos difíciles, resiliencia, importancia del esfuerzo.
- **Lo que crees que no se ha hecho de la mejor forma y, por tanto, no repetirías.** Por ejemplo: poca apertura a las nuevas experiencias, miedo a los cambios, no mostrar vulnerabilidad al resto, dificultades para la comunicación asertiva, demasiada exigencia.

Reconocer lo bueno que se te transmitió y lo que para ti no funcionó te ayudará a comprender mejor qué parte de la herencia quieres llevar contigo y cuál prefieres modificar o dejar atrás.

- **Unas líneas de cierre del álbum**

Termina este ejercicio escribiendo un breve texto que explique quién eres hoy. Reflexiona sobre cómo tu pasado ha influido en ti: qué experiencias te marcaron, qué parte de tu pasado te ha afectado más o lo sigue haciendo, lo que te gustaría dejar definitivamente atrás, los aprendizajes que te llevas... Reconoce que esta historia es parte de ti, pero que no te define en absoluto. **El pasado forma parte de ti pero no te define, eres libre de elegir ser la persona que quieres a partir de ahora.**

93
Entrevista con tu yo del **pasado**

Para esta herramienta tienes que imaginar que eres un periodista con una habilidad especial: puedes viajar en el tiempo para entrevistar a tu versión de hace unos años (tú decides cuántos). El objetivo es revivir momentos del pasado, conectar con esa parte de ti que sigue estando dentro y ver cómo has evolucionado desde entonces. Imagina que tienes una cita con tu yo del pasado en una cafetería y hazte estas preguntas:

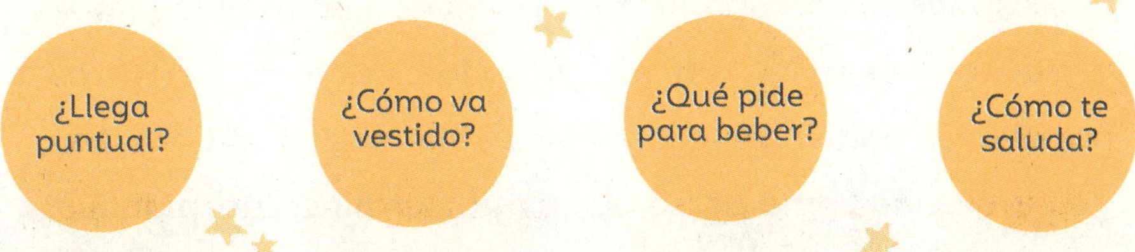

¿Cómo crees que se siente al verte?

Cuando os sentáis, llega el momento de la entrevista. Puedes preguntarle lo que quieras; por si no sabes por dónde empezar, te dejo algunas ideas:

- ¿Cómo estás?
- ¿Cuáles son tus mayores preocupaciones en este momento?
- ¿Hay algo que te duela que me quieras contar?
- ¿Qué ilusiones tienes? ¿Cuáles son tus sueños?
- ¿Tienes algún miedo? ¿Cuál?
- ¿Hay algo que crees que nunca conseguirás?
- ¿De qué sientes orgullo?

- ¿Quiénes son las personas más importantes de tu vida en este momento?
- ¿Alguien te ha hecho daño? ¿Echas de menos a alguien?
- ¿Qué consejo le darías a tu yo del futuro?

Te animo a que escribas o grabes las respuestas a las preguntas tal y como lo haría tu yo del pasado. Cuando termines de contestarlas, sucederá algo inesperado: tu yo del pasado también quiere hacerte unas preguntas. De repente te dice: «¿Puedes contestar las mismas preguntas desde tu presente?».

Responde cada una de ellas pensando en tu presente, ya sea de forma escrita o en una grabación. Conforme vayas respondiendo, podrás ver cómo ha cambiado todo en unos años y tu evolución como persona. Cuando termines, despídete de tu yo del pasado y vuelve al presente.

Tener esta conversación contigo mismo puede ser una actividad muy emotiva que te lleve a grandes conclusiones: tu yo del pasado ha hecho que seas quien eres hoy.

94

No list: lo que **NO** quiero más en mi vida

Estamos muy acostumbrados a hacer listas de tarea, pero ¿alguna vez te has parado a pensar en que puedes hacer una lista de cosas que NO quieres hacer más y a las que NO dedicar más tiempo? Esta herramienta tiene como objetivo que identifiques esas actividades, hábitos o compromisos que te roban energía, no aportan nada a tu vida o no son acordes a lo que son tus objetivos para liberarte y crear espacio y tiempo para lo que realmente te importa.

Ejemplo:

Compromisos que suelo asumir	**Relaciones o personas a las que no quiero dedicar más tiempo**	**Hábitos que no quiero mantener**	**Pensamientos y emociones que quiero controlar y soltar**	**Tareas en las que me implico, pero que no me aportan nada**
Hacer favores cuando no tengo tiempo.	Personas que solo acuden a mí cuando necesitan algo.	Acostarme demasiado tarde mirando el móvil.	Sentirme culpable por errores del pasado que ya no puedo cambiar.	Revisar constantemente el correo electrónico.
Ayudar en el trabajo con tareas que no me corresponden.	Personas que me manipulan, mienten, no me apoyan en mis sueños o no respetan mis límites.	Dejar sin recoger los platos cuando termino de comer.	Pensar que si no hago cosas productivas estoy perdiendo el tiempo.	Ir a planes sociales que no me interesan solo por quedar bien.

Preguntas que te pueden ayudar a ver a lo que no quieres dedicar más tiempo:

1. ¿Cuándo suelo decir «sí» por compromiso cuando en realidad debería decir «no»?

2. ¿Qué relaciones o personas me drenan la energía o simplemente no me aportan?

3. ¿Qué cosas hago por costumbre pero no son buenas para mí?

4. ¿Qué pensamientos me desmotivan más que me motivan?

5. ¿Qué actividades me quitan mucho pero no me aportan nada?

De todo lo que has escrito en esta tabla, ¿qué es lo más importante para ti? Seguro que no todo te roba el mismo tiempo, la misma energía o te hace sentir igual de mal. Identifica de tres a cinco actividades que más te desgastan, subráyalas y empieza por ellas tu cambio.

95

¿En qué vas a **invertir** tu tiempo cuando reduzcas o **elimines** aquello que te lo roba?

Imagina que estás en un lugar tranquilo. Hace un día muy agradable, el aire es suave, paseas sin rumbo y no hay nadie alrededor. A lo lejos, ves que hay una mochila en el suelo. Al acercarte a ella, te das cuenta de que está rodeada de todo lo que antes has sacado: **hábitos que te frenan, compromisos que no quieres asumir más, relaciones o personas**

que te agotan o con las que ya no encajas, pensamientos que te limitan y tareas que no te aportan nada. Antes, tu mochila pesaba mucho, te robaba mucha energía y te impedía avanzar al ritmo que tú querías. Te detienes frente a cada uno de esos pesos y los observas. Algunos te traen recuerdos, otros hacen aparecer en tu mente imágenes de personas o situaciones y quizá remueven emociones. Tómate unos momentos para reconocer lo que sientes al mirarlos. Sin prisas.

Recorre mentalmente los pesos y ve despidiéndote de ellos: «Me libero de este pensamiento», «Suelto este mal hábito», «Dejo ir esta relación». A medida que lo haces, verás que cada carga se transforma poco a poco en polvo, se esfuma con el viento. Cuando termines, coge de nuevo tu mochila: notarás que es ligera y cómoda de llevar. No sentirás vacío, sino espacio que va a poder llenarse de nuevas experiencias, tiempo para dedicar a personas que te suman y hábitos que realmente te llenen.

Visualiza cómo vuelves a casa. Abres la puerta y dejas la mochila en la entrada. Por primera vez en mucho tiempo, no tienes nada que sacar.

Tus días están mucho más vacíos, por fin caben más cosas en ellos... ¡Qué emoción! Empieza a imaginar lo que podrías hacer con todo ese tiempo:

- ¿Qué actividades te gustaría que llenasen tus días?
- ¿Qué personas quieres que te acompañen?
- ¿Cómo te gustaría sentirte cada día?

Imagina los pequeños detalles:

- ¿Qué haces al despertar cada mañana?
- ¿Cómo organizas tu tiempo?
- ¿Tus prioridades por fin tienen el lugar que merecen?
- ¿Cuáles son tus nuevos hábitos?
- ¿Tienes tiempo para cuidarte física y mentalmente?
- ¿Descansas mejor?

Tómate un momento para visualizarlo. Este nuevo espacio es tuyo y puedes decidir con qué llenarlo.

96

El **tiempo** bien invertido: línea de paradas

Piensa que tu vida es un viaje en metro. Durante el trayecto, vas haciendo paradas en diferentes estaciones, las cuales representan una actividad, persona o experiencia en la que inviertes tu tiempo y de las que sabes bien que nunca te arrepentirás de habérselo dedicado.

Dibuja una línea con varias estaciones y ponles el nombre que quieras. Por ejemplo:

- Tiempo con mis padres.
- Pasear a mi mascota.
- Viajar a solas o en compañía.
- Aprender algo nuevo.
- Ver películas o series.
- Descansar.

LÍNEA 3: TIEMPO BIEN INVERTIDO

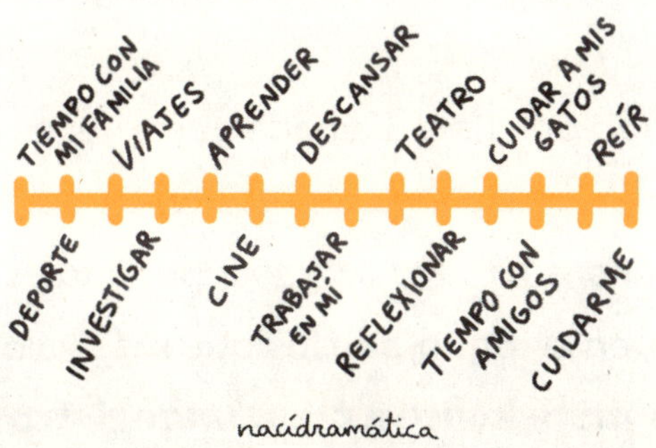

Cuando tengas tu línea terminada, obsérvala y responde a estas preguntas:

- ¿Mi metro pasa de forma regular por cada una de las paradas?
- ¿Invierto el tiempo suficiente en cada una de ellas?
- ¿Hay alguna parada por la que últimamente paso poco y que me gustaría visitar de forma más frecuente?
- ¿Hay paradas fantasma que no salen en mi línea, pero por las que paso? ¿Es posible que en un futuro me arrepienta de haberles dedicado tiempo?

Ahora que ya sabes cuál está siendo tu ruta, ¡es momento de hacer ajustes! Decide las paradas por las que quieres pasar más y cuánto tiempo dedicarles. No se trata de meter más paradas, sino de asegurarte de que estás pasando por las que son imprescindibles para ti y el tiempo necesario. ¡Haz que valgan la pena!

97
Registro de los momentos **importantes**

El ritmo acelerado del día a día hace que a veces no nos paremos a valorar lo que realmente da sentido a nuestra vida. Entre obligaciones y prisas es sencillo pasar por alto esos pequeños momentos que, en el fondo, son los que más valor tienen. **Con esta herramienta te invito a crear un registro personal de los momentos que importan.** No es un diario al uso, ya que solo tendrás que anotar aquellos instantes que te hacen verdaderamente feliz y que sabes que vas a recordar con cariño.

Ejemplo de lo que puedes registrar:

- **Momentos con alguien que quieres.** Una conversación larga con una amiga.
- **Instantes de tranquilidad y paz.** El sol en la cara de camino a casa.
- **Aprendizajes.** Darme cuenta de la importancia de vivir conectado el presente.
- **Gestos de otros que te emocionaron.** Regalos, mensajes, detalles...

- **Comportamientos que me hacen sentir orgullo.** Ayudar a alguien.
- **Decisiones importantes que he tomado para acercarme a la persona que quiero ser.** Dedicarme unas semanas para enfocarme solo en mí.

Puedes llevar este registro de la forma que más te guste: en una libreta, en las notas del móvil, en una caja donde vayas metiendo papeles... ¡Lo importante es que lo hagas tuyo!

Cuando leas este registro podrás ver que la vida no solo se mide en tareas terminadas, momentos productivos y enormes logros, sino también en esos momentos pequeños que nos hacen sentir vivos.

98
El vaso de los días **valiosos**

Para este ejercicio vas a necesitar un vaso; es importante que no sea un vaso cualquiera. Escribe en él la fecha de hoy.

Cada noche, antes de acostarte hazte esta sencilla pregunta: **¿ha sido un día que ha merecido la pena?** Si es así, añade algo al vaso: una canica, una piedra, un papel con la fecha y una palabra de ese día... Lo que prefieras.

Conforme pasen los días, verás que tu vaso se va llenando. Tendrás una representación visual de que, más allá de lo productivo que eres y aquello que terminas, también vives situaciones que importan y que te hacen feliz. Si en algún momento te sientes agotado, perdido o crees que no avanzas, detente y mira tu vaso. Te recordará que los días valiosos existen y que te quedan muchas canicas, piedras o papeles por añadir.

Una vez al año o una vez al mes, vacía tu vaso y cuenta. ¿Cuántos días han sido valiosos para ti? Puede que contabilizarlo te sorprenda.

Tu **vida** en diez años: ¿Cómo sería tu día ideal?

Imagina que te despiertas un día dentro de diez años. Es uno de esos días en los que te sientes en paz y muy bien contigo y con tu situación, ya que tu vida es lo que realmente deseas y por la que has luchado durante tanto tiempo. Vamos a construir ese día perfecto.

Por la mañana. ¿Dónde te despiertas? ¿Vives ahí? ¿Cómo te sientes cuando abres los ojos? ¿Qué ves a tu alrededor? ¿Estás a solas o hay alguien a tu lado? ¿Qué sueles hacer nada más despertar?

Cómo transcurre el día. ¿Qué haces con tu tiempo? ¿A qué lo dedicas? ¿Trabajas? ¿Cuál es tu trabajo? ¿Disfrutas de ello? ¿Cuántas horas trabajas? ¿Cómo te organizas? ¿Tienes que desplazarte al trabajo? ¿Qué haces cuando terminas de trabajar? ¿Tienes otras obligaciones? ¿Te dedicas tiempo a ti? ¿Y a tus seres queridos? ¿Es ese tiempo suficiente? ¿Qué actividades disfrutas de hacer? ¿Cuáles son tus *hobbies*? ¿Has hecho algún viaje reciente? ¿Hay algo que ya no forma parte de tu vida? ¿Has dejado por fin algo atrás que te ha costado mucho?

La noche. Cuando termina tu día, ¿cómo te sientes? ¿Qué has conseguido? ¿Has logrado aprovechar el día? ¿Con qué sensación te vas a la cama? ¿Qué piensas al cerrar los ojos? ¿Das las buenas noches a alguien?

¿Qué te ha parecido tu día ideal? ¿Te ha gustado imaginarlo? ¿Piensas que es posible lograr todo eso? ¿Se parece tu día ideal a tus días actuales?

Tu vida dentro de diez años puede empezar a construirse hoy. Lo que has imaginado podría ser simplemente el resultado de todas tus pequeñas buenas decisiones.

100

Un **día** solo serás un **recuerdo**; que seas uno increíble

Piensa en lo siguiente: algún día, lo que quedará de ti solo serán los recuerdos que dejes en las personas que te rodean. ¿Alguna vez has pensado sobre qué legado estás construyendo?

Imagina que las personas más importantes de tu vida hablasen de ti dentro de muchos años. ¿Qué te gustaría que dijeran? ¿Cómo te gustaría que te recordaran?

Si necesitas ayuda, piensa en las personas que más admiras: personas que forman parte de tu vida o incluso figuras públicas. ¿Qué te han transmitido? ¿Por qué te inspiran? ¿Qué dirías de ellos si te preguntasen?

Una vez que hayas pensado en lo que esas personas te inspiran, responde a las siguientes preguntas: ¿hay algo que caracteriza a esas personas (valores, acciones, cualidades) que te gustaría incorporar a tu vida? ¿Qué consideras que te hace único o única y te gustaría que se recordase?

Si quieres reflexionar sobre el que te gustaría que fuese tu legado, puedes hacerte estas preguntas:

- ¿Qué enseñanzas te gustaría haber dejado?
- ¿Te hubiera gustado ser inspiración para otros? ¿De qué tipo?
- ¿Qué emoción quisieras generar en las personas que te recordasen?

- ¿Hay acciones que has hecho o características de ti que consideras que se recordarán?
- ¿Cómo te gustaría que te definiesen?
- ¿Hay momentos compartidos que te gustaría que se recordasen con cariño?

Como propuesta final, escribe un texto que resuma cómo quisieras que se te recordase, qué te gustaría que destacasen los demás de ti y por qué te gustaría ser recordado.

Al final de **tu** vida recordarás los días más **significativos**, no tanto los productivos. Es importante vivir de tal **forma** que, al **mirar** atrás, sientas **que ha valido la pena.**

AGRADECIMIENTOS

Siempre lo digo: escribir un libro es un proceso largo y complicado. Hay muchos días en los que no encuentras la inspiración, no te apetece sentarte a escribir o te asaltan las dudas sobre el proyecto. Y eso, créeme, me ha pasado muchas veces en los últimos meses. A pesar de todo, ahora estoy superorgullosa del resultado y feliz de haber terminado.

Después de tres libros, ya he asumido que es normal tener dudas, sentir que no puedes más o querer aplazar la fecha de publicación. Y quien me conoce lo sabe: este libro, en concreto, me ha costado un poco más. Aunque para mí escribir es casi una rutina, la autoexigencia y las dudas a veces me han llevado a procrastinar, y quiero contártelo para que veas que, aunque desde fuera parezca que todo es perfecto, muchas veces no lo es.

Por eso sé que nada de esto habría sido posible sin la gente que me apoya, me cuida, me anima, que valora mi esfuerzo, que me pregunta cómo voy y que está ahí en los días malos (que no han sido pocos). A mí me encanta dar las gracias, y por eso quería dedicar unas palabras al final de este libro a todas esas personas que, de una forma u otra, me han acompañado durante este camino.

Gracias, como siempre, a mis padres. Sois las primeras personas a las que llamo cuando todo va mal..., o cuando todo va bien. Porque, casualmente, sois a quienes siempre acudo cuando quiero contar todo lo que me pasa, ya sea bueno o malo. Me apoyáis incondicionalmente y estáis ahí para echarme el cable que necesito. Estoy orgullosa de vosotros, sois mis referentes en muchísimas cosas. Os admiro.

Gracias a mi tía Mari y a mi primo Martín, que sois como una segunda madre y un segundo hermano. Gracias por hacerme sentir en casa cuando estoy en la vuestra y por tener siempre las puertas abiertas para pasar un rato. En estos meses me habéis regalado muchos momentos de desconexión y tranquilidad.

Gracias a mi abuela. Aunque te fuiste un poco antes de que empezase a escribir este libro, me has dado mucha fuerza cuando más la he necesitado. Sí, yaya, esto también lo he hecho pensando en ti, para que te sientas orgullosa desde donde sea que me ves. He pensado mucho en ti este año, y sé que estás feliz de que lo haya logrado. Ojalá pudiera contártelo todo. Te echo de menos.

Gracias a mis amigos de Almansa: María, Paloma, Bea, Marina, María, Pablo, Irene y Rosa. Para mí no sois solo amigos, sois familia. Gracias por escuchar cada una de mis preocupaciones, por recordarme que puedo cuando lo veo todo negro y por aguantar mis largos audios contándoos cómo me siento. Cada vez que tenemos una fecha para vernos me llena de ilusión. Me hace muy feliz pasar tiempo con vosotros y me alegra saber que seguimos haciendo todo lo posible por vernos, aunque vivamos en ciudades distintas.

Gracias también a mis amigas de Madrid y Valencia, por estar siempre presentes de una forma u otra durante el proceso de escribir este libro y creer siempre en mí.

Gracias a mis editoras, Mariona y Alba. Que este libro esté terminado también es gracias a vosotras. Ha sido un trabajo en equipo, lleno de implicación y confianza por vuestra parte. Sin vuestros ánimos día tras día, este proyecto no habría llegado hasta aquí. Qué bonito todo lo que estamos logrando y todo lo que vamos a ayudar.

Gracias a Jon. Por acompañarme en cada una de las preocupaciones que he tenido durante estos meses. Por estar en mis días malos. Por recordarme que me admiras, incluso cuando a mí me cuesta creerlo. Por ayudarme a pensar las ideas de las ilustraciones, por entender que iba a necesitar mis espacios para terminar de escribir y, sobre todo, por ser una de las personas que más me ha animado a seguir adelante.

Gracias a mis lectores. Este libro existe porque habéis apoyado muchísimo *Terapia para llevar* y *Cuídate para crecer*. Nunca tendré palabras suficientes para agradeceros a todos vosotros. Gracias a vuestros mensajes de agradecimiento diarios, que me dan fuerza en esos días de dudas y que me hacen ver el porqué de mi trabajo. Gracias por darle la oportunidad a mis libros y recomendarlos tanto. Saber que hay personas al otro lado que esperan mis palabras con cariño lo cambia todo.

Gracias a ti, que estás leyendo este libro. Porque con cada página que avanzas, le das sentido a todo este esfuerzo. Ojalá encuentres aquí algo que te acompañe, que te sirva, que te haga sentir un poco más en calma o con más ganas de vivir tu tiempo como mereces. Espero que este libro te haya dado muchas reflexiones, herramientas y ganas de empezar a trabajar en ti. Gracias por cuidar tu salud mental y por esforzarte en ser, cada día, mejor persona.

Y por último, gracias a mí, por priorizar este proyecto frente a otros, por dedicar cada uno de mis días para que todo saliese bien, por esforzarme en que el resultado sea lo más perfecto posible y por volcarme tanto en los libros. Tanto en este como en los anteriores. Me tengo que dar las gracias porque solo yo sé lo que ha significado para mí *Tiempo para vivir*.

A todos, gracias por estar. Gracias por hacer que todo esto valga tanto la pena.